현관문을 매일 여는 사람이 되었다

현관문을 매일 여는 사람이 되었다

1판 1쇄 인쇄 2025년 4월 17일
1판 1쇄 발행 2025년 4월 29일

지은이	강세형
발행처	(주)수오서재
발행인	황은희 장건태
책임편집	황은희
편집	최민화 마선영 박세연
마케팅	황혜란 안혜인
디자인	권미리
제작	제이오
주소	경기도 파주시 돌곶이길 170-2 (10883)
등록	2018년 10월 4일(제406-2018-000114호)
전화	031 955 9790
팩스	031 946 9796
전자우편	info@suobooks.com
홈페이지	www.suobooks.com
ISBN	979-11-93238-65-3 (03810) 책값은 뒤표지에 있습니다.

ⓒ강세형, 2025
이 책은 저작권법에 따라 보호받는 저작물이므로 무단전재와 복제를 금합니다.
이 책 내용의 전부 또는 일부를 사용하려면 반드시 저작권자와 수오서재에게
서면동의를 받아야 합니다.

현관문을 매일 여는 사람이 되었다

강세형의 산책 일기

수오서재

차 례

Prologue

현관문을 매일 여는 사람이 되었다 *6*

―

봄 *10*

여름 *76*

가을 *174*

겨울 *254*

다시, 봄 *354*

―

Epilogue

나는 아직, 현관문을 열고 매일 걷고 있다 *390*

Prologue

현관문을 매일 여는 사람이 되었다
———————————————

제목을 지어 놓고 한참을 바라봤다.
그리고 새삼 신기해했다.
내가 정말, 현관문을 매일 여는 사람이 되었구나.

최근 2년 동안 내 일상에서 가장 우선순위에 있던 단어는,
산책, 그리고 현관문이었다.

대단한 계기, 결연한 의지.
그런 것 따위는 없었다.

그저 내 삶의 어떤 특정한 시기에
아주 사소한 계기 몇 가지가 우연과 같이 동시에 생겨나,
무척 가벼운 마음으로 나는 현관문을 열고 산책을 시작했다.

그 산책이 매일이 될지 몰랐다.
이렇게 길어질지 몰랐다.

매일 현관문을 열고 매일 걷는 동안, 수많은 단어들이 나에게 와 말을 걸었다. 어찌나 시끄럽게 아우성을 쳐 대는지 쓰지 않을 수 없었다. 못 이기는 척 한글창을 열고 받아 적기 시작했다.

2023년 4월 29일 토요일. 기록을 시작했다.
그날 나는, 그렇다면 지금부터 꼭 1년만 매일 걷고, 매일 적어 보자 생각했다. 그리고 정말 그렇게 했다.

그 1년이 지나고 한글창을 열어 보니, 30만 자에 달하는 글이 내 앞에 놓여 있었다. 무엇이 나로 하여금 이토록 매일 걷고, 매일 쓰게 했는지가 궁금해 첫날의 기록으로 돌아가 지난 1년간의 나를 읽어 내려갔다. 그리고 그때 내 머릿속에 떠오른 문장이, 이 책의 제목이 되었다.

처음부터 책을 생각하고 시작한 글은 아니었다. 봄에 시작된 산책이 여름에서 가을로 넘어갈 무렵 이미 알고 있었다.

그때까지 쓴 글만 해도, 한 권의 책에는 다 담을 수 없는 분량이었다. 또한 한 편 한 편은 그저, 하루하루의 기록일 뿐, 그리 대단한 이야기도 아니었다.

그럼에도 시간은 이야기가 된다, 라는 말을 나는 아직 믿고 있어서, 이 글들을 책으로 엮어 보기로 했다. 하지만 나는 또 여전히 느린 사람이라서, 깎고 다듬어 한 권의 책으로 엮는 데 또 1년이 걸렸다. 그리고 그 1년 동안에도 나는 매일 현관문을 열고 있었다. 돌아보니 그랬다.

현관문을 여는 날보다 열지 않는 날이 더 많았던 한 사람이,
하루하루 현관문을 열고,
그렇게 매일 걷고, 그렇게 매일 쓰다 보니 여기까지 왔다.

그렇게 나는, 현관문을 매일 여는 사람이 되었다.

봄

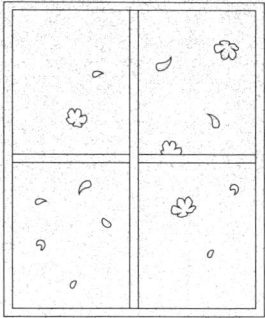

식물들은 해를 향해 뻗어 가고,
사람들은 그늘을 향해 숨어드는 계절이다.

2023년 4월 29일 토요일   산책 53일 차

                                                  총 걸음 18,000보

                                                  총 거리 12km

오전 내 비가 와서 비가 그친 오후의 공기가 제법 상쾌하고 차가웠다. 아직 4월인데, 벌써 여름 빛깔을 내는 나뭇잎들이 바람에 휘영거리는 모습이 예뻐서 잠깐씩 서서 바라봤다.

그러다 문득, 기록을 하고 싶다는 생각을 했다.

이 순간을 그냥 흘려보내면 안 될 것 같았다.
흘려보내면 잊을 것이고, 그러다 곧 잃어버릴 것이 틀림없는데, 그래선 안 될 것 같았다.

꽤 오랫동안 나의 글을 쓰지 않았다.
쓰고 싶단 마음 또한 아주 오랫동안 잊고 있었다.
그런데 오늘 문득 그런 생각이 들었다.

걷고 또 걸으며
내 눈에 들어온 것들, 내 마음을 스치는 것들,
내 머릿속을 지나는 것들을 조금씩 써 보고 싶단 생각.

어제는 나의 생일이었고,
오늘은 내가 새로운 나이로 1일 차를 사는 날.

꼭 1년 만이라도, 아주 조금씩이라도
매일 무언가를 써 볼까.

-

써 볼까, 라는 생각을 아주 잠시 했을 뿐인데,
걷는 사이 수많은 장면과 수많은 단어가
내 머릿속에서 쏟아져 내린다.

낮에 본 고양이, 무성한 나뭇잎에 가려진 낡은 간판, 지나는 무례한 사람의 행동, 스치는 친절한 사람의 몸짓, 닌자의 무심한 따뜻함, 아주 오래전 빨강이 했던 말, 뽀족이의 날카로운 조언, 녹두의 다정한 말, 노랑의 무해한 농담, 보리 언니, 자몽 언니, 엄마와의 전화 통화, 미성숙한 나의 말들, 요즘 읽고 있는 작가 윤형근의 기록 속 메모들과 떠나간 친구들의 모습, 그리고 아버지.

언제 또 내 안에 이렇게 많은 말들이 쌓인 걸까.
이 이야기들을 언젠가는 다 쓸 수 있을까.

휴대폰 건강 앱을 열고 오늘의 걸음 수를 체크한다.
18,000걸음.

오늘도 참 많이 걸었네.
요즘 지인들은 나를 놀리듯 프로산책러라 부른다.
히키코모리 프로산책러.

고단한 프로산책러로서 일단 오늘은,
조세희 작가의 말처럼 '빨리 써 달라고 보채는 그 말들을 머리맡 빈 커피잔에 넣어 받침 접시로 눌러놓은 다음'* 잠을 청해야겠다.

* 침묵의 뿌리_조세희_열화당(1985)

2023년 5월 6일 토요일   산책 60일 차

총 걸음 18,003보

총 거리 12.2km

어제 잠들기 전부터
날씨 앱을 계속 확인하고 있는 나를 발견한다.

내일 종일 비가 오려나.
오후에는 40%인데 그럼 안 올 수도 있을 거 같고.

오늘은 일어나자마자부터 커튼을 열고 창밖을 계속 바라봤다. 그러다 늦은 오후, 거의 이슬비 수준인 듯해 나갈 채비를 했다.

"그래도 일주일에 한 번쯤은 걷는 게 좋지."

꽤 오래전, 한 선배의 부추김에 선배의 친구들과 한동안 매주 일요일 등산을 다닌 적이 있다. 비 오는 아침이면 그 단체 채팅방에 '우천으로 오늘 산행은 취소입니다'라는 공지가 올라왔다. 평생 아침에 일어나는 일이 고역인 나에겐 그 문자가 어쩐지 반가웠고, 침대에서 문자를 확인하곤 바로 다

시 잠으로 빠져들곤 했는데, 그 모임의 한 언니가 이런 말을 했던 기억이 난다.

"일요일 아침에 비가 오면, 일주일 내내 우울해."

그땐 흘려들었던 말이다.
'한 주 쉬고 다음 주에 가면 되는데, 뭐.'

그런데 어젯밤부터 계속 날씨 앱을 체크하는 나에게서 오래전 그 언니의 모습을 본다. 그 언니를 온전히 이해해 주지 못했던 것에 대해, 이제야 미안한 마음이 든다.

부슬부슬 이슬비가 내린다.
이팝이 가는 계절이다.

오전 내 비가 많이 와서인지 공원 바닥에 하얗게 흩뿌려진 이팝 꽃들. 그 하나하나에 눈길을 주느라, 오늘도 시간 가는 줄을 모르고 걷고 또 걸었다.

2023년 5월 7일 일요일   산책 61일 차

　　　　　　　　　　　　　　　총 걸음 18,267보

　　　　　　　　　　　　　　　총 거리 12.5km

성수 쪽에서 저녁 약속이 있어
미리 건너와 서울숲을 산책하기로 한다.

날씨가 좋은 요즘, 주말이면 서울숲은 관광지가 된다.
근처에 사는 지인 중 한 명이
주말마다 우리 집 앞마당에 자꾸 사람들이 몰려온다고
투덜댔던 것이 떠오른다.

하지만 마스크를 쓰고 이어폰을 귀에 꽂으면,
내 곁을 스쳐 지나가는 사람들이 게임 속 NPC*처럼 느껴져
나는 여전히 혼자라는 기분에 어쩐지 안심이 된다.

그럼에도 NPC가 너무 많네.

　* 논 플레이어 캐릭터*Non Player Character*의 약어로,
　　플레이어가 직접 조종할 수 없는, 게임 안에서 배경으로 존재하는
　　캐릭터를 뜻하는 말이다.

서둘러 한강 쪽으로 방향을 틀어 중랑천을 따라 올라가 용비교를 건너기로 한다.

중랑천 가에 늘씬한 나무 한 그루가
바람을 맞으며 흔들흔들.

바람은 늘 한쪽에서만 불어오는 것인지, 잎이 모두 반대 방향으로 몰려 있다. 오래전 아를에서 고흐 그림 속 도개교를 찾아가는 길에 만난 나무와 닮은 듯해 반가운 마음이 들어 한참을 바라보는데, 문득 궁금해졌다.

주말이라 지나는 사람들이 많아 나무는 괴로울까,
아니면 도리어 덜 외로울까.

2023년 5월 8일 월요일   산책 62일 차

총 걸음 16,334보

총 거리 11.2km

비둘기를 무서워하는 편이다.
비둘기는 물론 까마귀나 까치처럼 큰 새를 만나면
빙 둘러 피해 가는 편이다.

그런데 우리 동네 공원에서 가장 많이 만나는 새는
내 주먹보다 작은 참새.
도심을 걸을 땐 자주 만날 수 없었던 참새를
요즘 유난히 자주 만나고 있는데,
불현듯 내 앞에 참새가 등장하면 나는 역시나 흠칫 놀란다.

비둘기나 까치처럼 무서워서는 아니다.
이 작은 아이를 혹여 내가 밟을까 봐,
무심코 팔을 흔들다 혹여 칠까 봐,
나도 모르게 팔을 몸에 바짝 붙이고 보폭도 줄이게 된다.

언젠가 '음지에서 가까스로 힘겨운 삶을 이어 가고 있는 어린 식물들을 밟지 말아 달라'는 내용의 푯말을 봤던 기억이 난다. 아주 오래전 어떤 친구가 길에서 이제 막 아장아장 걸어 다니는 작은 아이들을 보면 무섭다고 했던 기억도 난다. "내가 혹시 못 보고 밟을까 봐…." 그땐 그 친구의 말이 잘 이해가 안 됐다. '네가 어떻게 밟아. 개미도 아니고, 못 볼 수가 없잖아.'

나보다 작고 약한 존재를 해할까 두려워하던 친구의 그 조심스러운 마음을 요즘 종종 떠올리곤 한다. 내가 아무리 작고 약한 존재라 해도, 세상엔 나보다 더 작고 약한 존재가 분명 있다. 내가 조금만 발을 잘못 디뎌도, 내가 조금만 무례해져도, 나로 인해 상처받을 나보다 약한 존재가 있다는 걸, 요즘은 산책길에 만나는 이 주먹보다 작은 참새들을 보며 생각한다.

내가 너무 약해져 있을 때,
초라한 내가 한없이 작게 느껴질 때도,
나만 보는 사람, 나밖에 볼 수 없는 사람은 되고 싶지 않다.

나보다 약하고 작은 존재는, 언제나 어디에나 있을 테니까.

2023년 5월 9일 화요일   산책 63일 차

총 걸음 17,214보

총 거리 11.7km

날씨는 좋은데, 몸은 무겁다.
걷는데 등 뒤로 쏟아지는 햇빛이 벌써부터
여간 따뜻한 게 아니다.

따뜻하고 나른한 기분에 취해 걷고 있자니, 며칠 전 노랑과 보리 언니, 그리고 뾰족이까지 있는 채팅방에서 주고받았던 얘기들이 떠오른다. 오후에나 일어나는 저녁형 인간인 데다, 불과 몇 달 전까지만 해도 웬만해선 현관문을 열지 않았던 히키코모리였던 나. 해를 볼 일이 거의 없어 의사 선생님의 강요로 비타민D를 따로 챙겨 먹어 왔다.

'갑자기 해를 너무 많이 봐서 몸이 놀랐나? 자꾸 졸려.'
나의 말에 뾰족이가 답했다.
'너 그러다 등에 새순 나는 거 아니니?'

노랑과 보리 언니의 웃음이 채팅방을 도배하는 사이,
뾰족이가 다시 한번 그들의 웃음을 끌어냈다.

'새순 나면 꼭 말해 줘. 가져와서 물꽂이하게.'

식물 덕후들 사이에서 가능한 농담. 새로 들인 식물을 가지치기할 때면 우리는 이파리를 나눔해 물꽂이로 뿌리를 내심는다. 그렇게 서로의 집에 식물을 더 늘려 온 사이.

노랑이 말했다.
'그럼 우리 집에도 미니 강세형 생기는 거야?'
아우 징그러워. 내가 질색을 하는 동안 보리 언니가 거든다.
'난 하이드파크에 심고 올래!'
그 후로도 '영국도 강세형 보유국 되겠네, 미니 강세형 나무도 뚱하려나' 등의 무해한 농담들이 한동안 이어졌다.

아.
등에 새순 따윈 절대 나지 않아야 할 텐데….

어쩐지 등이 가렵다.
괜히 한번 몸을 부르르 털곤,
쏟아지는 빛들 사이로 다시 발걸음을 옮긴다.

2023년 5월 10일 수요일   산책 64일 차

총 걸음 8,372보

총 거리 5.6km

산책을 시작하기 전엔 몰랐다. 서울 시내에서도 이렇게 장미를 자주, 많이 볼 수 있다는 것을.

공원에 피어난 장미들, 학교 담벼락을 넘어 인도 쪽으로 탐스럽게 고개를 내밀고 있는 장미들, 골목길을 걷다가도 종종 만나게 되는 장미들 사이에서, 나는 요즘 자꾸만 '그 장미'를 찾고 있다.

얼마 전 보리 언니와 노랑과 함께 선유도 공원을 함께 걸었다. 조금 느린 걸음으로 쉼 없이 수다를 떨며 걷던 중 무척 희한한 장미를 만났다. 빨간색과 흰색이 으묘하게 마블링되어 있는 꽃잎이 신기해 한참 바라보고 있는데, 노랑이 말했다.

- 언니! 이 장미, 이름이 뭔 줄 알아요?
- 몰라?
- 차돌 장미요!

- 응?
- 꽃잎이 차돌박이처럼 생겼잖아. 그래서 차돌 장미야.
- 아, 정말?
- ……

3초의 정적 후 노랑과 보리 언니가 동시에 웃음을 터뜨렸다.

"거짓말이지! 그걸 왜 믿어!"

그러고도 노랑이 한참을 깔깔거리는데, 나도 따라 한참을 웃었다. '아니, 식물의 이름이라는 게 학명과 별개로 나라마다 지역마다 유통명이 묘하게 달라서, 어느 순간부턴 그냥 사람들이 부르는 이름이 그 식물의 이름이 되기도 하니까…' 순식간에 내 머릿속을 지나가는 생각들을 굳이 입 밖으로 내뱉진 않았다.

노랑의 무해한 농담은 언제나 즐겁고, 나 또한 실없는 농담을 좋아하니 굳이 진지하게 받을 필요가 없었던 거다.

영화 '장미의 이름'에서 누군가 이런 말을 한다. '사랑이 없다면 삶은 얼마나 평화롭겠니. 안전하고, 평온하고.' 그러자 상대가 이렇게 답을 한다. '대신, 지루하겠지.'

농담 또한 마찬가지다. 농담은 때론 오해를 낳고 누군가에게 상처를 남기기도 하지만, 농담 없는 삶은 또 얼마나 지루할까.

그래서 나는, 무해한 농담을 좋아한다.
무해한 농담을 잘하는 사람을 좋아한다.

언젠가 후배 녹두의 농담에 내가 한참을 깔깔거리다, "너도 진짜 웃기는 애야"라고 말했더니, 녹두가 이렇게 답했다. "언니는 안 웃긴 사람이랑은 친구도 안 해 주잖아! 내가 웃기려고 얼마나 노력하며 사는데, 강세형 친구 하려고!" 그 말에 나는 또 한참이나 깔깔거렸다.

하지만 유해한 농담을 무해한 농담이라고 우기는 사람은 좋아하지 않는다. 유해와 무해를 구분하는 잣대는 사람마다 상황마다 다를 수 있어 '무해한 농담'을 잘하는 것이 꽤나 어려운 것임을 안다. 그래서 나는 노랑의 무해한 농담이 언제나 반갑나 보다.

그 반가운 농담을 떠올리며,
오늘도 나는 산책길에 만나는 수많은 장미들 사이에서
그 '차돌 장미'를 찾아 두리번거리며 걷고 있다.

2023년 5월 11일 목요일   산책 65일 차
                          총 걸음 18,226보
                          총 거리 12.7km

오랜만에 닌자가 놀러와
함께 저녁을 먹고 산책을 하기로 했다.

"너 얼마나 걸을 수 있어?"

저녁을 먹은 후 머릿속으로 산책 코스를 짜느라 물었더니,
닌자가 아주 하찮은 존재를 바라보듯 실눈이 된 채 날 보며
이렇게 말했다.

"계속 걸을 수 있어."

아, 나 따위보다는 무조건 많이 걸을 수 있다는 자신감인가.
하긴 닌자의 말이 틀린 건 아니지. 하루에 30보 이하로 걷던
날이 더 많았던 나약하기 짝이 없던 몸뚱어리의 소유자인
지난날의 나와, 체력으로는 어디 가서도 안 지는 닌자를 생
각해 보면, 닌자에게 내 질문이 얼마나 어처구니없게 느껴
졌을지 이해도 된다.

그래도 나 요즘은 꽤 잘 걸어.

이제 가끔은 산책길에 다른 사람들 추월도 한다고!

(그 추월의 대상이 보통은 할머니 할아버지들이긴 하지만….)

2023년 5월 12일 금요일   산책 66일 차
                         총 걸음 18,262보
                         총 거리 12.3km

오늘 산책의 시작은 일단,
집에서 공항버스 타는 곳까지 최단 거리로
걸어 보기로 했다.

코로나가 터지기 직전 이 집으로 이사를 와서, 코로나 이후 장기 여행은 이번이 처음이라 아직 이 집에서 공항버스를 타 보지 못했다.

네이버 지도에선 12분 소요라고 뜨는데,
내 걸음으론 딱 15분이 걸렸다.

항상 지도에서 알려 주는 시간보다 조금 더 걸린다. 그래도 본격적인 산책을 시작하기 전보다는 굉장히 빨라진 거다. 처음 산책을 시작했을 땐, 모든 사람들이 나를 앞질러 갔다. 할머니 할아버지도, 유모차를 끄는 엄마들도 나를 앞질러 갔다.

그러다 한번은 나보다 더 느린 내 또래 남자를 만났는데, 정말 아주아주 천천히 걷다 벤치에 앉아 쉬고 있는 그분에게 눈이 갔다. 최근에 무슨 수술이라도 받고 재활 중이신 걸까. 통증을 가까이에 둔 삶을 살기 시작한 후 자꾸 아픈 사람에게 눈이 간다.

그분의 사연이 궁금해졌지만,
마음속으로만 그분에게 건투를 빌며,
나 또한 보통 사람들보단 느린 걸음으로 그분을 지나쳤다.

그러고 보니 나는 요즘
사방에 건투를 뿌리고 다니고 있는 것만 같다.

항상 집에만 있다 세상 밖으로 나오니, 슬픈 표정, 아픈 표정, 지친 표정의 사람들이 이렇게나 많다는 것에 자꾸만 놀란다. 그리하여 어쩐지 자꾸만 건투를 빌게 된다. 한편으론 그 건투가 그냥, 나의 오지랖이길 바라며.

2023년 5월 14일 일요일   산책 68일 차
　　　　　　　　　　　　총 걸음 16,113보
　　　　　　　　　　　　총 거리 10.9km

산책을 하다 보면,
갈등 중인 사람들을 종종 만나게 된다.

부모와 아이가 길 한가운데서 실랑이를 벌이고 있는 모습, 서로 타인인 듯한 취객들이 싸우는 모습, 어떤 노점 앞에서 주인과 손님이 큰소리로 언쟁하는 모습, 어느 나른한 오후엔 더 이상 걷지 않겠다 길에 드러누워 버린 강아지와 대치 중인 견주를 만나 조금 웃기도 했다.

하지만 역시, 길에서 가장 많이 만나는 갈등은
젊은 남녀의 갈등이다.

밤거리에서 큰소리로 다투고 있는 젊은 남녀, 서로 부둥켜안고 꺼이꺼이 소리 내 울고 있는 젊은 연인을 만난다. 한 여자는 길에 주저앉아 울고 있다. 가만히 서서 여자를 내려다보고 있는 남자의 표정은 몹시 지쳐 보인다. 반대로 이번엔 한 남자가 울먹이며 무언가를 열심히 호소하고 있다. 그에게 손목을 잡힌 채 여자는 다른 곳을 바라보고 있다. 여자의 얼굴에 떠오른 저 복잡한 표정은 슬픔인지, 고단함인지, 아니면 그럼에도 사랑인지 잘 모르겠다. 어쩌면 그 모두일 수도 있겠지.

다들 열심히 사랑을 하고 있다.
저리도 사람을 지치게, 슬프게, 아프게 하는 사랑을,
모두들 열심히 하고 있다.

왜일까. 그런 생각을 해 본 적이 있다. 너무 지쳐 사랑이란 단어를 머릿속에서 지워 버리고 살다가도, 어느새 또 그 단어를 부러 끄집어내 살펴보게 되는 우리는, '그 힘든 걸 왜 또' 하고 싶은 걸까.

나는 이것을 깨달았다. 이 권위가 바로 내가 윌리엄을 사랑하게 된 이유임을. 우리는 권위를 갈망한다. 진실로 그렇다. 누가 뭐라고 말하던 우리는 권위라는 감각을 갈망한다. 혹은 그런 사람과 함께 있으면 안전하다고 믿는다. 그리고 '힘든 일'을 겪으면서도 윌리엄은 그 권위를 결코 잃지 않았다. 우리가 숲속에서 길을 잃은 헨젤과 그레텔이라고 느껴질 때조차 나는 늘 그의 존재 안에서 안전함을 느꼈다.*

* 오! 윌리엄 *Oh william!*_엘리자베스 스트라우트,
정연희 번역_문학동네(2022)

어느 날 소설책을 보다 이 페이지에 내가 한참이나 머물러 있다는 것을 깨달았다. '숲속에서 길을 잃은 헨젤과 그레텔이라고 느껴질 때조차.' 이 구절이 나를 다음 페이지로 넘어가지 못하게 하고 있음을 깨달았다. '그 힘든 걸 왜 또.' 이것이 그 이유 중 하나일 수 있겠구나, 생각했다. 적어도 나에겐 그런 것 같았다.

단 한 사람만 나를 믿어 주면, 세상을 이길 수 있다.

어디서 들은 얘기였더라. 그 말이 떠올랐다. 숲속에서 길을 잃은 헨젤과 그레텔이라고 느껴질 때조차, 단 한 사람만 나를 믿어 주면.

그가 가진 권위, 그가 주는 믿음,
그의 존재 안에서 느끼는 안전함.
그 평온함을 찾기 위해서일지도 모르겠다.

오늘도 사람들은 열심히 사랑을 한다.
오늘도 밤의 거리에선 젊은 연인들이 열심히 갈등을 한다.

2023년 5월 15일 월요일   산책 69일 차
                              총 걸음 15,756보
                              총 거리 10.8km

우리 동네 공원엔 고양이들이 참 많다.
그 고양이들을 돌보는 캣맘들도 여럿 되는 듯하다.

꽤 큰 공원이라 캣맘들 사이에도 본인들이 관리하는 구역에 대한 암묵적인 약속 같은 것이 있는지, 늘 같은 분이 같은 구역에서 고양이들을 돌본다.

공원엔 입구도 여럿인데, 내가 이용하는 입구로 들어서면 작은 오솔길이 있고, 그곳에는 늘 검은 얼룩 고양이와 시간을 보내고 있는 캣맘이 있다. 내가 공원에 가는 시간과 그 캣맘이 고양이를 돌보는 시간이 비슷한지 공원에 갈 때면 종종 마주치곤 하는데, 오늘은 캣맘은 보이지 않고 검은 얼룩 고양이가 오솔길 한가운데 가만히 혼자 앉아 있다.

처음엔 그러려니 했는데,
내가 공원을 세 바퀴쯤 도는 사이에도
고양이는 그 자리에 계속 혼자 앉아 있었다.

마치 그 캣맘을 기다리고 있는 것처럼.

오늘 무슨 일이 있어 못 오신 걸까,
아니면 그저 아직 안 오신 걸까.

그만 걸어도 되는데, 괜히 한 바퀴를 더 돈다.
오도카니 앉아 있는 고양이가 자꾸만 신경이 쓰여,
나도 모르게 한 바퀴를 또 돈다.

2023년 5월 16일 화요일   산책 70일 차

                                  총 걸음 15,735보

                                  총 거리 10.6km

해가 너무 좋아

바람이 지나치게 적당해

나른함이 몰려와 자꾸만 걸음이 늦춰진다.

내가 지금 졸고 있는 건지 걷고 있는 건지

지금 내 머릿속을 떠다니는 생각들이

정말 나의 생각인지 그저 백일몽일 뿐인 건지.

그렇게 걷고 또 걷다 보면

내가 점점 작아져 사라져 버릴 것만 같은 기분이 드는데,

그 기분이 어쩐지, 나쁘지 않다.

-

약속이 취소되면, 어쩐지 조금 좋다.

내가 분명 좋아하는 사람들, 만나고 싶었던 사람들과의 약속인데도. 그래서 또, 밤 산책을 나선다.

2023년 5월 17일 수요일   산책 71일 차

                              총 걸음 15,108보

                              총 거리 10.3km

낮에는 주로 공원을 걷고,
밤에는 깜깜한 공원이 조금 무서워 도심을 걷는다.

낮에는 주로 유모차를 끌고 나온 젊은 엄마들과 강아지를 산책시키는 사람들, 그리고 어린 손자 손녀의 손을 잡고 산책하는 할머니, 친구분들과 운동 나온 할머니들을 만난다. 밤에는 주로 긴 하루를 마치고 집으로 돌아가는 사람들과 흥이 오른 취객, 그리고 밤의 할머니들을 만난다.

밤의 할머니들은 낮의 할머니들과 다르다.

나보다 빠른 걸음으로 나를 앞질러 가는 낮의 할머니, 아장아장 걷는 손자 손녀들을 웃으며 바라보고 있거나 벤치에 앉아 준비해 온 간식들을 나눠 먹으며 수다를 떠는 낮의 할머니들과 달리, 밤의 할머니들은 노점에 앉아 물건을 팔고, 마늘을 깐다. 어디서 구하셨는지 모르겠는 형광 조끼를 입고 폐지를 모으고 있는 밤의 할머니들은 구부정한 자세로

느리게 느리게 움직인다.

그중에서도 밤 산책을 할 때면 늘 만나는 두 할머니가 있다. 나란히 붙어 있는 노점인데, 한 노점에선 삐쩍 마른 작은 할머니가 몹시 뚱한 표정으로 꽃과 식물을 파신다. 또 다른 노점에선 푸근한 인상의 할머니가 늘 입가에 부처 미소 같은 웃음을 띤 채 찐 옥수수나 떡, 다듬은 야채와 잡곡 같은 먹거리를 팔고 계신다.

나란히 붙어 있는 두 노점의 두 할머니는 가끔 나란히 앉아 계실 때도 있지만, 말씀을 나누는 모습은 거의 보지 못했다. 그저 각자의 표정을 지은 채 각자의 일을 하고 계신다. 두 분은 얼마나 오랜 시간 이 자리에서 저렇게 나란히 앉아 계셨을까. 두 분은 사이가 좋은 걸까, 나쁜 걸까. 사이가 나쁘다 해도 두 분이라 서로 안심되는 기분은 있으실까.

오늘도 이런저런 질문을 던지며 마음속으로 두 할머니에게 나 홀로 인사를 건네며 지나친다.

2023년 5월 18일 목요일   산책 72일 차
　　　　　　　　　　　　　총 걸음 15,821보
　　　　　　　　　　　　　총 거리 10.7km

매일 비슷한 시간 비슷한 복장으로 같은 공원에 가다 보면, 늘 마주치는 사람들이 있기 마련이다.

그리 길지 않은 머리를 뒤로 쪽 찌듯 단단하게 묶고 까만색 반팔, 까만색 트레이닝 바지에 검은색 뉴발란스 운동화를 신고 매일 달리는 한 아주머니가 있다. 내가 천천히 걷고 있을 때면 내 옆을 슝- 하고 지나가는 아주머니. 앞모습은 본 적이 없다. 내가 매일 만나는 건 아주머니의 쪽 찐 머리와 아주머니의 등에 커다랗게 쓰여 있는 NB라는 글자뿐. 바람처럼 지나가는 NB를 많을 때면 하루에 세 번, 네 번을 본다. 내가 공원을 한 바퀴나 두 바퀴쯤 돌 때면, 슝, 슝, NB라는 글자가 나를 몇 번이나 앞질러 달려간다.

그런데 오늘 산책을 마치고 좁은 오솔길을 통해 공원을 빠져나오려는 찰나, 흠칫. 내 앞에서 공원 쪽으로 걸어오는 사람과 눈이 마주쳤는데, 둘 다 흠칫.

둘 다 약간 고개를 갸웃거리며 알쏭달쏭한 마음으로 서로를 스치듯 지나친다.

그리고 고개를 돌려 뒤를 봤더니,
눈에 들어오는 익숙한 글씨.
NB.

아, 그러고 보니 아주머니도 늘 나의 뒷모습만 봤겠구나.
우리는 서로의 뒷모습만 익숙한 사이.

2023년 5월 19일 금요일   산책 73일 차
　　　　　　　　　　　　총 걸음 7,781보
　　　　　　　　　　　　총 거리 5.3km

올해 초 보리 언니가 단체방에 이런 문자를 올렸다.

'나 지금 만화 보는데, 강세형 관찰 일기 같아. 크크.'

그러곤 책 표지 사진을 찍어 올렸는데, 짧은 머리의 여자가 고양이를 등에 올린 채 땀을 삐질삐질 흘리며 엎어져 누워 있고, 그 옆으로 어지럽게 나열돼 있는 글자들 중에 '다른 사람 만나면'과 '마음이 죽는다'가 묘하게 연결돼 있어 노랑이 빵 터졌다.

'마음 죽지 마. 혼자 있게 해 줄게. 크크크크크크.'

키쿠치 마리코의 '살기 편하다'라는 만화책이었다. 어쩐지 나도 봐야 할 것 같아, 보리 언니에게서 빌려 와 목차를 열었는데,

　- 사람을 만나고 나면 지친다

- 슬픈 뉴스에 너무 민감하다

- 옷을 잘 사지 못한다

- 먼저 연락하는 게 불편해

- 남에게 기대지 못한다

- 거절당하면 마음이 죽는다

- 두 번째 만남이 불편해

- 분노를 제대로 표현하지 못한다

소제목들만 봐도, 뭐지?
이건 정말 내 일기장인가 싶었다.

'친구랑 있는데도 지치는 나는 너무한 사람인가. 분명 즐거웠는데….' 고민하면서도 '사람을 싫어하는 건 아니다. 인간은 좋아하는 편이다'라고 말하는 주인공은 슬픈 뉴스에 민감하고 지나치는 사람의 슬픈 표정에도 감정이입이 된다. 남에게 기대는 걸 못 해서 뭐든지 혼자 해 보려 무리하다 자주 아프고, 돈을 내는 서비스조차 제대로 받아들이지 못해 도우미 아주머니를 불러 놓고 아주머니가 오시기 전, 아주머니가 용이하게 청소할 수 있도록 사전 청소와 정리를 한다. 그렇게 웬만해선 도움을 요청하지 않기에 상대의 한 번의 거절로도 마음이 죽어 버리는 주인공의 소소한 일상을 읽어 내려가는데, 어쩐지 나는 안심이 됐다.

나와 비슷한 사람이 또 어딘가에서 살고 있구나.
예민하지만 대단치 않은 나에 대한 소소한 이야기를 누군가는 또 어딘가에서 쓰고 있구나. 그 이야기가 바다 건너 멀리 살고 있는 나에게까지 닿아, 또 이렇게 나를 안도하게 하는구나.

많은 작가들이 그럴 것이다. 하루는 나의 글이 나만 쓸 수 있는 대단한 이야기처럼 느껴지고, 하루는 이런 세상 쓸데없어 보이는 이야기나 쓰고 있는 나 자신이 한없이 초라하게 느껴지고, 그 두 마음이 어떨 때는 하루에도 수십 번씩 왔다 갔다. 갈팡질팡.

나도 그랬다.
지금도 여전히 그렇다.

산책을 마치고 돌아와 그 책을 다시 꺼내 읽었다. 책장 앞에 서서 몇 페이지를 읽다, 결국은 그대로 주저앉아 끝까지 페이지를 넘기고 있는 나를 발견하곤, 문득 이런 생각을 했다.

어쩌면 이 책이, 시작이었을지도 모르겠다는 생각.
다시, 나의 글을 쓰고 싶다는 마음이 여기서부터 시작됐을지도 모르겠다는 생각을 했다.

나는 또 이 책을 보며 안심하고 있었으니까.

걷고, 생각하고, 기록하는
나의 이 보잘것없는 소소한 일상에,
이 책이 다시 한번 용기를 불어넣어 주고 있었으니까.

2023년 5월 20일 토요일   산책 74일 차

총 걸음 11,483보

총 거리 7.7km

산책을 마치고 집으로 돌아오는 길,
길 가운데 생뚱맞게 작은 화분 하나가 놓여 있다.

보통 가게 앞에 화분을 내어놓을 때는 사람들이 지나치며 발로 찰까 봐, 혹은 가게 쪽으로 바짝 붙어 오는 차에 방해될까 봐, 가게 바로 앞에 내어놓기 마련인데, 이 작은 화분은 가게로부터 거의 칠팔십 센티미터 정도 떨어진 곳에 생뚱맞게 놓여 있다.

그 이유는 그림자만 보고도 잘 알겠다.
건물과 간판 등에 드리워진 그림자를 피해,
직광이 쏟아지는 위치에서 반짝반짝 빛나고 있는 작은 화분.

'뭐야, 화분을 이렇게 놔두면 어떡해.' 작은 짜증이 일 법도 한데, 이렇게 볕이 좋은 날, 이 아이에게도 빛 샤워를 시켜주고 싶은 주인의 마음을 너무 알겠어서, 웃음이 났다. 무심결에서든 유심결에서든 누구의 공격도 받지 않고 이 아이가 아직 무사한 걸 보면, 다른 행인들도 같은 마음이었으려나.

조금 더 길을 걸어 아파트 단지 안으로 들어서니 그늘 쪽으로 모여 서서 커피를 마시고 있는 아저씨들이 보인다. 조금 더 들어가니 그늘진 정자를 차지하고 앉아 담소를 나누고 있는 아주머니들도 보인다.

식물들은 해를 향해 뻗어 가고,
사람들은 그늘을 향해 숨어드는 계절이다.

2023년 5월 21일 토요일 산책 75일 차

총 걸음 5,110보

총 거리 3.3km

며칠 전 공항버스 타는 곳까지 걸어갔을 때 15분이 걸렸지만, 오늘은 배낭을 메고 트렁크까지 끌고 가야 하니 훨씬 더 걸릴 것이다, 라고 예상했다.

불안한 마음에 40분 전에 출발한다. 물론 예전 같았으면 이 거리를, 이 짐을 들고 걸어간다는 것은 상상하지 못했을 것이다. 하지만 나는 이제 프로산책러니까! 거뜬하지, 뭐.

문제는 다른 곳에서 발생했다. 정류장까진 재래시장통을 지나가야 하는데, 이른 새벽 트렁크 끄는 소리가 시장통에 울려 퍼진다. 새벽부터 장사 준비를 하던 분들이 자꾸만 쳐다본다.

평소 이 길에서의 관찰자는 나였건만,
오늘은 내가 관찰당하는 입장에 처한다.

'곤란한데….'

나는 늘 익명성을 선호한다. 주목받는 걸 좋아하지 않는다. 다행히 체구가 작고 평범한 얼굴이라 눈에 띄지 않는 외형도 갖추고 있어, 익명성을 갖기에 유리하기도 하다. 그런데 요즘은 걷다가도 불쑥 이런 생각이 들 때가 있다. 이런 나의 성격이 나의 직업과는 안 어울리는 게 아닐까. 라디오 작가 때부터 치면, 벌써 작가로 살아온 지 23년이 됐다. 첫 책을 낸 것도 13년 전. 내 이름으로 나온 책이 다섯 권. 베스트셀러 작가라는 수식어가 내 이름 앞에 붙기도 했다. 그런데 나는 아직 누군가와 얼굴을 마주하며 인터뷰를 해 본 적이 없다. 나는 언제까지 이렇게 살 수 있을까.

나의 이런 고민에 언젠가 친구가 해 줬던 이야기가 떠오른다. 친구의 아파트에 소설가 ○○○ 선생님이 사시는데, 어느 날 베란다에서 내려다보는데 선생님이 나가시는 모습이 보이기에, 자기도 모르게 더 찬찬히 보게 됐단다. 그러다 이내 '선생님은 밖에서 코도 맘대로 못 푸시겠네?' 싶어 민망함에 얼른 고개를 돌렸는데, 문득 이런 생각도 들었다고 했다. '아니, 내가 이렇게 미안해할 필요가 있나?' 그리고 덧붙이길, "작가들이야말로 사람은 물론 세상 모든 것을 관찰하는 사람이잖아. 너도 늘 관찰하지 않아?"

친구의 날카로움에 뜨끔했던 기억이 난다. 하긴, 나야말로 익명성에 숨어 모두를 관찰하고 있지. 작가일 때뿐 아니라 작가가 아닐 때의 나 역시, 관찰당하기보다 관찰하는 쪽을 선호하는 사람. 그런데 정작 나는 관찰당하고 싶지 않다는 것은 너무 이기적인 걸까? 하지만 그냥 지나는 행인으로서 관찰당하는 것과 '누구'이기에 관찰당하는 건 또 다른 문제 아닌가. 그럼에도 내 이름을 걸고 무언가를 하기 위해선 다 감수해야 하는 걸까. 하지만 세상엔 얼굴은 물론 실명도 공개하지 않고 작품 활동을 해 온 작가들도 많은걸. 이런저런 생각들이 꼬리에 꼬리를 물고 이어졌던 기억. 그리고 그런 대화를 했던 것도 벌써 수 해 전인데, 나는 아직도 마음을 정하지 못했다.

그리고 여전히,
시장통에 울려 퍼지는 나의 트렁크 소리가
이렇게 부담스러울 수가 없다.

어서 이 길을 벗어나고 싶다.
다시 관찰자로 돌아가고만 싶다.

나도 모르게 걸음이 빨라졌나 보다.
12분 만에 정류장에 도착한다.
인간의 잠재력이란.

새벽바람이 굉장히 차다. 조금씩 이슬비도 내린다. 생각을 비우려 애쓰며, 후드티의 모자를 올려 쓴다.

서울, 18일 후에 만나자.

2023년 6월 8일 목요일 산책 93일 차

총 걸음 7,773보

총 거리 5.1km

공항버스에서 내려, 다시 짐을 끌고 재래시장통을 지나 집으로 돌아온다. 저녁 시간이라 시장통이 제법 시끄러워, 다행히 오늘의 나는 그다지 눈에 띄지 않는다.

멀리 아파트 단지가 보이기 시작하자 발걸음이 빨라진다. 온전히 집 안에서만 생활하던 히키코모리 시절에도, 나의 유일한 자발적 외출은 여행이었을 만큼 나는 여행을 좋아하는 사람이지만, 역시 '집'이 더 좋은가 보다.

현관문 안으로 들어서자마자,
늘 그랬듯 안도의 한숨을 내쉰다.
집이다.
이제 일상으로 돌아왔으니, 엄마와 통화를 해야지.

잘 다녀왔니?
엄만 그동안 잘 지냈어?

안부가 채 끝나기도 전에, 엄마는 내가 여행을 간 사이 본인의 입이 헐었다는 말씀을 시작하신다. '아….' 나는 이 이야기가 어떻게 끝이 날지 알고 있다. 베체트 진단을 받은 후, 여러 사람에게서 여러 번 들은 이야기니까.

"그냥 한 군데 헐었는데도 밥도 못 먹겠고 잠도 못 자겠고 이렇게 아프고 괴로운데, 너는 그동안 어떻게 살았니. 내가 이 얘기를 언니한테도 하고 오빠한테도 했다 아이고, 너는 도대체 어떻게, 그동안 어떻게…."

같은 말을 계속 반복하신다. 수화기를 든 채 혀로 입안을 둘러본다. 아, 지금도 여기 여기 헐어 있긴 하구나. 나는 사실 한두 군데 헐어 있을 땐, 헐어 있는지도 모를 때가 많다. 내가 너무 통증에 둔해진 걸까. 남부럽지 않게 건강해 본 적이 없어, 이게 크게 불편하지 않은 걸까. 역시 모든 건 상대적일 수밖에 없다. '나는 사실 그렇게 아프진 않은데…'라고 말해 봤자 소용없다는 걸 알기에, 그냥 잠자코 들으며 작은 짐 정리를 이어 간다.

그저 걱정 많은 엄마의 잔소리를 듣고 있자니,
아 이제 정말 내 일상으로 돌아왔구나.
실감이 난다.

2023년 6월 9일 금요일   산책 94일 차
총 걸음 8,091보
총 거리 5.1km

긴 여행을 다녀왔더니 냉장고에 먹을 것이 하나도 없어 산책 겸 장을 보러 나섰다. 그리고 집으로 돌아오는 길, 아얏. 나도 모르게 길바닥에 주저앉았다.

오른쪽 발 복숭아뼈 안쪽에서 발생한 찌릿하는 통증이 순식간에 종아리와 허벅지까지 타고 올라와 그대로 주저앉아 버린 것이다.

어, 왜 이러지?
잠깐 발을 잘못 디뎠나.

다시 일어나 몇 걸음 더 걷는데 찌릿,
그러다 다시 또 찌릿.

세 번의 통증이 연달아 찾아오자,
이거 뭔가 잘못된 것 같은데, 라는 생각이 들기 시작했다.

—

집에 와 밥을 먹고 조금 쉬고 나니 괜찮은 듯도 하여 조금만 다시 걸어 볼까, 밤 산책을 나왔다. 신발이 불편했었나 싶어, 나와 함께 여행을 다니느라 너무 더러워져 세탁을 맡기려고 싸 놓았던 워킹화까지 다시 꺼내 신고 길을 나섰다. 그런데 1킬로쯤 걸었을 때, 아얏. 나는 다시 주저앉고 말았다. 급 방향을 선회해 집 쪽으로 천천히 걷는데, 한번 시작된 찌릿함은 돌아오는 길 내내 계속된다.

원체 허약한 몸뚱어리라 고장이 나면 몸이 먼저 앓아누울 줄 알았는데, 발이 먼저 고장 나는 건가. 내일도 계속되면 병원에 가 봐야 할 텐데…. 걱정이 밀려온다.

병원에서 걷지 말라고 하면 어떡하지?

이 와중에도 그 걱정이 제일 먼저 밀려온다.

2023년 6월 11일 일요일	산책 96일 차
	총 걸음 50보
	총 거리 0.02km

총 걸음 수 50.
오랜만에 보는 두 자릿수다.

산책을 시작하기 전, 나는 현관문을 여는 날보다 안 여는 날이 더 많은 사람이었다. 집에서 일하고 집에서 밥 먹고, 식물 돌보기나 책 읽기 등 취미 생활도 모두 집에서 하는 사람. 집 안에선 또 휴대폰을 잘 들고 다니지 않아, 총 걸음 수가 100 이하인 날이 그 이상인 날보다 많았으며, 어떤 날엔 21 걸음이 찍히기도 해 그걸 본 지인들이 '넌 화장실도 안 가니?' 놀렸던 적도 있다.

학교에 다니고, 출퇴근을 하던 시절에도 나는 집을, 더 정확히 말하면 나에게 최적화된 나의 공간에서 혼자 보내는 시간을 좋아하는 사람이었다. 그 시간을 가장 평안하다 생각하는 사람이었다.

그 평안한 공간과 시간으로 온전히 숨어들기 시작한 건

2013년. 그 해를 정확히 기억하고 있는 이유는, 그 무렵 (그 땐 아직 병명을 알지 못했지만) 베체트의 발병으로 일상생활이 불가능할 정도의 통증이 시작됐기 때문이다. 통증은 나를 더 예민하게 만들었고, 바깥세상의 소요를 더 견디지 못하게 만들었다. 진단을 받고 약을 먹기 시작한 것이 2018년. 그리고 1년 정도가 더 흘렀을 때, 통증은 어느 정도 제어할 수 있는 단계에 이르렀고, 의사 선생님 또한 이제 조금씩 가벼운 운동은 해 봐도 좋을 것 같다고 하셨지만, 곧 코로나가 시작됐다. 나는 이미 내가 만들어 놓은 나만의 공간과 시간에 완전히 길들여져 있었는데, 심지어 전 세계가 외출을 금지하는 시대가 왔으니, 나는 더더욱 굳건하게 현관문을 닫고 집 안에서만 생활했다.

코로나가 잦아들자 사람들은 일상으로 복귀하기 시작했다. 코로나 전에도 나의 일상은 현관문 안이었기에, 복귀라는 단어 또한 나에겐 아무런 영향을 주지 못했다. 그저, 이따금 현관문을 바라보는 나를 발견하곤 했다. 사람들은 매일 저 문을 연다. 나는 그러지 않는다. 그래서 나는 또 평안하다 생각했던 시절이 꽤 길었는데, 왜 이제 와 내가 저 문을 자꾸만 바라보는지 나도 내 마음을 잘 모르겠다고 생각하고 있을 무렵, 건강 검진 결과지가 도착했다. 모든 페이지에 '운동 부족'이라고 찍혀 있는 걸 가만히 바라보고 있는데, 무엇이든 운동이라는 걸 해 봐야겠다고 생각하면서도, 밖으로 나갈 생각은 못 하고 있는 나를 깨닫곤, 문득 이런 생각이 들었다. 내가 현관문을 열지 않는 건, 더 이상 통증 때문만도, 집을 좋아하는 내향적인 나의 성향 때문만도 아닌 것 같다는 생각.

그래서였던 것 같다. 처음 내게 산책을 권한 건 뽀족이였다. "너 그러다 못 걸어." 그냥 가볍게 30분 정도만 '산책'을 해 보는 건 어떠냐고 했다. 평소의 나였다면 필히 흘렸을 단어였다. 그런데 희한하게 이번엔 내가 그 단어를 꼭 붙잡고 들여다보고 있었다. 그런 나를 눈치 챈 뽀족이는 그 순간을 놓치지 않았다. 어차피 늦게 일어나고 일도 밤에 하는 나에게, 모든 일은 후로 미루고 눈을 뜨면 일단 나가 보라고 했다. 그렇게 딱 일주일만 해 보라고 했다. 운동이라는 걸 시작하려면, 운동을 최우선 순위에 둬야 한다며.

그 말을 못 이기는 척 받아들였다. 현관문을 열기 시작했다. 눈을 뜨면 커피 마시고 세수하고, 간단한 요기 정도만 하곤 밖으로 나갔다. 그런데 또 걷다 보니 좋았다. 30분만 걸어야지 했는데, 어느새 40분, 50분, 한 시간을 넘게 걷는 날도 많아졌다. 운동을 시작했다고 하니(산책도 운동이라 말할 수 있는지는 모르겠지만) 엄마도 좋아하고, 일단 집 밖으로 나가고 있다는 사실에 친구들도 칭찬해 주었다. 어른도 칭찬을 받으면 우쭐해지기 마련이다. 그러던 어느 날, 보리 언니가 말했다. "근데, 밥 먹고 걷는 게 더 좋지 않을까?" 그래서 저녁을 먹고 또 나가기 시작했다. 그렇게 하루에 두 번씩 산책을 하다 보니, 어떤 날엔 하루에 서너 시간씩 이만 보 가까이 걷고 있었다.

'너무 과한 것 같은데….' 주변 사람들의 걱정이 시작됐다. '살살해. 적당히. 절대 무리하면 안 돼. 네가 환자라는 걸 잊지 마.' 그런데 걷다 보면 또, (이 정도 속도로 걸어도 그게 정말 오는 건지 모르겠지만) 러너스 하이가 오는 건지 계속 걷고 싶었다. 나가려고 마음먹기가 어렵고, 나가서 처음 1킬로 정도는 힘들어도, 그 시간이 넘어가면 정말 계속 걷고 싶었다. 그렇게 매일매일, 하루에 21보 걷던 히키코모리가 갑자기 만 보, 이만 보씩을 석 달쯤 걸었더니,

아, 올 것이 온 것인가.
고장이 났다.

오늘은 누워 있어도 순간순간 찌릿하고 오른발에서 통증이 올라온다. 내일은 정말, 병원에 가야겠다.

2023년 6월 12일 월요일   산책 97일 차

                               총 걸음 3,262보

                               총 거리 2.2km

병원에서 '족근동 증후군' 진단을 받았다.

족근동은 발목을 이루는 뼈 중 가장 위쪽에 위치한 거골과 발뒤꿈치 부위에 있는 족근골 중 하나인 종골 사이의 터널이라는데, 딱 나의 찌릿함이 시작됐던 복숭아뼈 안쪽에 위치한 곳이었다.

그곳에 염증이 생긴 것 같다며 선생님은 구글 검색을 통해 이미지 한 장을 보여 주셨는데, 그 이미지에는 이런 문구들이 적혀 있었다.

  족근동 증후군
  - 족근동에 염증이 생기고 통증이 발생
  - **과도한** 사용으로 족근동 인대가 약화
  - 발목의 **과도한** 사용
  - 상처가 섬유화, 만성염증
  - 발목 외측 통증
  - 갑작스러운 충격으로 악화

이 이미지를 단체방에 올렸더니 보리 언니가 달했다.

'**과도한**이 두 번이나 언급됨.'

베체트 의증 환자라 소론도정(스테로이드)을 가지고 있어 주말 동안 한 알씩 먹었다고 얘기했더니, 의사 선생님은 소론도정이 지금 처방해 준 약들보다 센 약인데 그걸 먹고도 아직이면 물리 치료 병행하면서 소염제와 소론도정을 함께 복용해 보라고 말씀하셨다. 그런데 거기에 다고 내가 조심스럽게 꺼낸 말은,

"혹시, 걸으면 안 되나요?"

정형외과라 그런지, 의사 선생님은 이런 환자(어차피 안 된다고 해도 할, 운동에 미친 인간)들을 이미 너무 많이 봤다는 표정을 지으며, 몹시도 시큰둥한 말투로 이렇게 말씀하셨다.

"걷는 운동이 너어어무 좋다 하시면, 발목 보호대 착용하고 걸으세요."

그래도, 병원에서 주는 보호대는 지나치게 두꺼워 걷기엔 불편할 테니 밖에서 얇은 아대 같은 걸 따로 구입하라는,

계속 걷고 싶은 환자들의 마음을 배려하는 구체적인 정보
까지 알려 주셨다.

절뚝거리며 집으로 돌아오는 길,

아, 그래도 다행이다.
당분간이라도 아주 못 걷진 않겠구나.

라는, 생각을 하자마자
이런 내가 또 좀 우습게 느껴진다.
평생을 집순이로 살아온 주제에, 언제부터 매일 걸었다고.

2023년 6월 14일 수요일   산책 99일 차

총 걸음 5,073보

총 거리 3.4km

통증이 있는 오른발에만 보호대를 착용했더니 몸이 자꾸만 기우뚱해지는 기분이 들어, 보호대를 하나 더 주문했고, 오늘은 양쪽 발에 모두 보호대를 차고 산책을 시작했다.

오랜만에 찾은 동네 공원.
겨우 3주 자리를 비웠을 뿐인데,
구청 공원녹지과에서 열심히 일하고 있나 보다.
화단의 꽃들이 달라졌고, 무엇보다 공룡이 사라졌다!

처음 산책을 시작하고 봄이 시작될 무렵.
어느 날부터 겨우내 텅 비어 있던 화단 근처로 검은 플라스틱 화분에 담긴 꽃모종들이 조금씩 늘어 갔다. 또 어느 날부턴 녹색 조끼를 입은 사람들이 와서 모종을 화단에 옮겨 심기 시작했다. 수많은 플라스틱 화분이 바람에 날려 공원 잔디밭을 뒹굴고 있고, 몇 개는 산책로까지 날아와 자꾸만 내 눈에 밟혔다. 쓰임을 다한 이 플라스틱 화분들은 또 모두 어디로 가려나. 그렇게 매일 조금씩 화단이 완성돼 가는 과정을 지켜보는 일은 퍽 재밌었고, 조금 부러웠다. '나도, 하고 싶다….' 조끼에 공원녹지과라고 쓰여 있는 걸 보곤, 집에 와 찾아보기도 했다. '기간제 근로자인 거구나. 서류 심사에, 체력 기능 심사? 면접까지 있네. 체력 검사라…. 내가 통과할 수 있으려나.'

그러던 어느 날, 거의 다 완성된 것처럼 보이는 화단 곳곳에선 스프링클러가 돌아가고 있었고, 화단 한가운데 위치한 바위들 위엔, 작은 공룡 피규어들이 놓여 있었다.

누구의 아이디어였을까, 여기에 공룡을 놓는 건.

반대는 없었을까 궁금해하다, 엄중한 구청 회의실에서 이 안건을 두고 목대를 세우며 다투는 사람들의 모습을 잠시 상상해 보기도 했다.

- 화단에 공룡이라뇨! 너무 유치하지 않습니까!?
- 공룡이 왜 유치합니까? 아이들도 많이 찾는 공원이니 얼마나 좋습니까! 가족이 다 함께하는 공원! 좋잖아요!
- 사람들이 훔쳐 가면 어떡하실 겁니까? 그때마다 또 공룡을 사야 합니까? 소중한 우리 구민들의 세금을 그런 식으로 낭비해도 되는 겁니까?

- 왜 훔쳐 갈 거라고 생각하시죠? 지금 우리 구민들을 깡그리 도둑놈 취급하시는 겁니까?
- 도둑놈이라니요, 제가 언제 그런 말을…. 아니, 그런 식으로 논점 흐리지 마세요! 지금 우리가 논의해야 할 안건은, 화단에 공룡이 꼭 필요하냐, 그렇지 않냐 아닙니까!

누군가에겐 세상 하찮아 보이는 다툼도, 누군가에겐 세상 전부를 두고 싸우는 대혈투일 수 있다. 쉽게 비웃어선 안 되는 법. 이 문제가 주민 투표로까지 이어진다면, 나는 어디에 투표해야 하나. 진지하게 그런 생각까지 해 보기도 했다. 생뚱맞아 보이기도 하고, 잘 어울리는 것 같기도 하고. 좀 괴이한가 싶으면서도 귀엽기도 했던 화단의 공룡들.

그래도 그때 사진을 찍어 두길 잘했다. 오늘, 3주 만에 찾은 공원에선 공룡을 만날 수 없었다. 그저 화단 생태계가 변해 잠시 사라진 걸까. 혹 공룡 반대파에 의해 철거된 건 아닐까. 내년 봄엔 다시 만날 수 있으려나. 그사이 공룡들은 또 어디에서 잠을 자고 있으려나.

보호대를 차고 걷고 있는 나는, 다시 느림보가 됐다.
동네 할머니 할아버지들이 모두 나를 앞질러 가는 동안에도 나는 사라진 공룡을 추측하며 천천히, 아주 천천히 걷는다.

2023년 6월 15일 목요일   산책 100일 차
총 걸음 12,884보
총 거리 8.3km

저녁을 엄마네에서 먹기로 해, 서둘러 산책을 마치고 돌아와 엄마네 가져갈 그릇 정리를 한다. 그릇이 하도 많아 빈 그릇일 때도 이미 무거운데 집에 오는 길엔 더더더 무겁겠지.

올해 초 마스트 검사라는 알레르기 검사를 통해 나에게 쌀 알레르기가 있다는 걸 알게 됐다. 그것도 먹을거리 중 가장 높은 등급, 가장 피해야 할 음식에 쌀이 찍혀 있었다. '우유와 쌀 알레르기가 있는 한국 아이는 그럼 뭘 먹어야 하는 걸까. 이래서 어렸을 때부터 내가 그렇게 입이 짧았나?' 잠시 나의 편식을 합리화하는 시간을 가져 보기도 했지만, 이내 공부를 시작하곤 쌀을 한번 끊어 봐야겠다는 결론에 다다랐다. 자가 면역 질환이 있는 환자에게 쌀 알레르기가 있으면 쌀을 먹었을 때 염증 수치가 올라간다고 하니, 나에겐 더더욱 독이 되는 음식인 것 같았으니까.

쌀을 끊는 일은 어렵지 않았다. 한식을 먹으려면 국 데우고 반찬 꺼내고 은근 일이 많은데, 쌀을 끊으니 식사 준비 시

간도 대폭 줄어들고 나에겐 오히려 쾌적한 부분이 있었다. 문제는 엄마의 반찬.

내가 언제 가겠다고 하면, 엄마는 늘 뭐가 먹고 싶냐고 물어본다. 그럼 난 늘 그렇듯 먹고 싶은 게 없다고 말하고, 엄마는 그럼에도 뭐든 말해 보라고 보채고, 이 대화는 끝도 없이 반복된다. 내가 무엇을 먹고 싶다고 하면 엄마는 분명 그 무엇을(조금 과장해서) 100인분 정도 하실 테고(정말 조금 과장한 거다) 가지고 돌아와 근처 사는 지인들에게 나눠 주고 또 나눠 줘도 나의 냉장고는 그 무엇으로 가득 찰 것이 틀림없으니, 나는 늘 먹고 싶은 게 없다고 답한다. 그럼에도 엄마의 반찬은 줄지 않으니까.

'원래도 다 못 먹었는데, 이제 더 못 먹겠네.'

쌀 알레르기 판정을 받고 얼마 지나지 않았을 때, 엄마에게 간곡히 부탁한 적이 있다. 이번엔 정말 아무것도 하지 말아 달라고. 나는 이제 쌀도 안 먹어서 반찬 먹을 일이 거의 없고, 곧 여행도 가야 하니, 이번엔 정말 아무것도 하지 말고 저녁도 밖에 나가서 먹자고. 그랬더니 엄마가 말했다.

"아무것도 안 가져갈 건데, 뭐 하러 와?"

나는 무뚝뚝한 막내딸이라, "아니 그냥 딸이 엄마랑 저녁만 먹으러 가는 건 안 돼?" 퉁명스럽게 답하곤 전화를 끊었지만, 전화를 끊고 나선 오히려 생각이 많아졌다. 엄마는 늘 자식들에게 무언가를 해 줘야만 엄마로서의 자리를 유지할 수 있다고 생각하는 걸까.

"언니! 나 밥 좀 그만 사 줘! 요즘은 내가 언니보다 돈도 많이 벌어!" 계산대 앞에서 내 카드를 뺏으며 녹두가 했던 말. "날 너무 배려하진 말아 줘." 나의 배려가 오히려 자신을 섭섭하게 만들 때가 있다며 오래전 빨강이 했던 말. 가까운 지인들에게서 그 비슷한 말을 자주 듣는다. 어쩌면 나도 엄마를 닮아 내가 늘 무언가를 해 줘야만 누군가와의 관계를 이어 갈 수 있다고 생각해 왔던 건 아닐까. 엄마가 싸 주는 무지막지한 양의 반찬들을 보면서 때론 이런 생각을 했다. '엄마, 그거 나를 위한 거 아니야. 엄마를 위한 거야.' 그런데 선의로 포장된 누군가를 위한 나의 배려들 또한 결국은 나를 위한 게 아니었을까.

하지만 그 후로도 엄마와 나의 관계는 전혀 달라지지 않았다. 오늘도 나는 빈 그릇만으로도 무거운 짐을 양손 가득 들고 엄마 집으로 갔다. 당연히 돌아올 때는 더더더 무거웠다. 하지만 엄마는 역정을 냈다.

"그래도 오늘은 나물 세 개밖에 안 했어!"

나물만 한 것도 아니면서, 내 반찬들뿐 아니라, 보리 언니 줄 오이지와 반찬들까지 따로 해 놨으면서.

"오늘은 정말 아무것도 안 했잖니!"

엄마는 또 역정을 냈고, 나는 또 무거운 짐을 들고 낑낑거리며 집으로 돌아왔다.

2023년 6월 16일 금요일   산책 101일 차

총 걸음 13,961보

총 거리 9.1km

함께 여행하는 동안 고생 많았던 나의 워킹화 두 켤레가 세탁을 마치고 다시 나에게로 돌아왔다. 어제 걷는 동안 찌릿한 느낌이 없었기에 오늘은 보호대를 벗고 브룩스를 신고 나가 보기로 했다.

나에겐 소위 '장비병'이라는 게 없다. 심한 사람들은 무언가를 시작하기도 전에 미리 장비부터 구입한다고 하던데, 나는 스스로를 포기가 빠른 사람이라고 생각해서일까. 장비는 사 놨는데, 너무 빨리 그 취미에 흥미가 떨어져 버리면 어쩌나. 그 걱정에 장비는 늘 뒤로 미룬다. 더 이상 쓰지 않는 장비를 바라볼 때마다 죄책감이 밀려올까 봐, 사기도 전에 겁을 먹는다.

많이 걷는 사람들, 달리기를 하는 사람들을 위한 기능성 운동화가 따로 있다는 걸 알고는 있었지만, '내가 얼마나 걷는다고.' 모른 척하고 지냈다. 그러던 어느 날 우리 집에 온 빨강이 내가 왔다 갔다 하는 걸 한참 보더니 물었다. "너,

발뒤꿈치 아프니?" 내가 계속 까치발로 걸어 다니고 있었나 보다.

- 어, 그런가 봐.
- 아침에 일어나서 침대에서 내려올 때, 아프니?
- 어. 어떻게 알았어? 엄청 살살 내려와.
- 그 발로 계속 걸은 거야? 족저 근막염이야. 병원 가 봐.

빨강은 그날 그럼에도 계속 걷고 싶으면 이걸 사라며 운동화 하나를 추천해 주었는데, 그게 브룩스였다. 솔직히 처음엔 뭐가 좋다는 건지 잘 모르겠어서 의심쩍은 마음이 들었던 것도 사실이다. 그런데 어느 날, 500미터쯤 걸었을까. 오늘 발이 왜 이렇게 힘들지? 하고 내려다보니, 내가 다른 운동화를 신고 있었다. 앗, 내가 그동안 이런 운동화 신고 만 보, 이만 보 걸었던 거야?

사람 마음은 이토록 간사해. 이제 기능성 운동화가 아닌 일반 운동화를 신고 걸으면 발이 너무 쉬이 피로해진다. 브룩스 외에도 기능성 운동화의 세계는 넓고도 깊었다. 요즘은 호카를 사서 번갈아 신고 있다. 계속 한 신발만 신는 것보다는 여러 신발을 돌려 신어야 자극점이 달라져 발도 덜 피로하다 하여, 나는 또 미즈노, 온러닝 등 기능성 운동화로 유명한 브랜드를 기웃거리며 다음 워킹화를 찾고 있다.

진작 살걸.
'너무 빨리 흥미가 떨어져 버릴까 봐.' 그렇게 미루기만 했던 나의 마음은 좋은 말로 하면 조심성이겠지만, 실은 늘 그렇듯 언제나 도망갈 구멍을 만들어 놓는 나의 비겁함이 었는지도 모른다. 물론 이런 생각들조차 갑자기 장비병으로 가기엔 괜히 머쓱해서 해 보는 나의 합리화일지도 모르겠지만, 오랜만에 브룩스를 신고 걷는 나의 발걸음이 어쩐지 한결 편안하다.

-

그렇게 늦은 시간도 아닌데, 길에 주저앉아 휴대폰에 코를 박고 있는 양복 입은 아저씨를 세 명쯤 만났을 때 깨달았다.

금요일이구나.
미세 먼지도 없고, 그리 덥지도 않고,
바람 또한 적당했던 금요일.

나에겐 걷기 딱 좋은 날씨였고,
누군가에겐 술 마시기 딱 좋은 날씨였나 보다.

2023년 6월 18일 일요일   산책 103일 차

총 걸음 7,655보

총 거리 5.2km

사람 얼굴을 잘 알아보지 못한다.
사회생활을 할 때는 그것이 문제가 된 적도 있었다.

아주 특색 있는 얼굴이 아니라면, 체구나 옷 입는 스타일, 헤어스타일 등으로 사람을 기억하는 것인지, 외국 배우의 경우 무척 유명한 배우가 아니면 머리색이 바뀌거나 분장이 바뀌면, 또 세월이 흘러 나이가 변하면 잘 알아보지 못한다. 친구들은 가끔 드라마나 영화 속 한 장면을 캡처해서 보낸다. '이거 누군지 알아?' 날 놀리기 위해서다.

못 맞출 때가 허다해 대부분은 친구들에게 오늘의 웃음을 선사한다. 하지만 간혹 맞출 때가 있는데, 여러 번 봤던 드라마나 영화에 출연했던 배우들에게 강한 편이다. 반복 학습의 중요성은 늘 강조되는 것이니 그건 어쩌면 당연한 일일 텐데, 희한한 건 어렸을 때 봤던 작품 속 배우들을 내가 이따금 맞춘다는 것이다.

낙엽 굴러가는 소리만 들어도 웃는 나이라는 표현이 있는데, 무슨 영화를 봐도 재밌고, 무슨 책을 봐도 좋았던 시절이 있었다. 아직 세상 모든 것이 궁금하고 신기하고 대단해 보이던 시절. 그 시절에 봤던 작품들을 더 잘 기억한다. 그 시절에 봤던 얼굴들을 더 잘 기억한다.

나이를 먹고 취향이란 것이 생기고, 이젠 쉽게 웃지 않는다. 쉽게 감동하지도, 쉽게 감탄하지도 않는다. 그리고 쉽게 기억하지도 않게 된 걸까.

그저 나이 먹어 기억력이 감퇴했다고 말하기엔, 나의 뇌도 취향이라는 것이 생겨 기억하고 싶은 것만 저장하고 있는 건 아닌지, 그렇지 않은 것들은 저 뒤 어느 구석진 서랍에 가둬 두고 있는 건 아닌지 의심이 들 때가 종종 있다. 그것이 좋은 일인지 나쁜 일인지는 아직 모르겠다. 무엇이든 새롭고 무엇이든 기억이 자동 저장되고 자동 재생되던 시절, 물론 좋은 일도 많았지만 아픈 일도 많았다. 매일매일이 아프기만 했던 시절을 지나, 이제는 아픈 일도 서랍에 넣어 두고 아주 가끔씩만 꺼내 볼 수 있는 나이가 됐다. 쉽게 감동하지 않는 나이가 되었지만, 그래서 더 그런 마음이 들게 하는 작품을 반가워하게 됐다. 그리고 또 가끔은, 감정이 오르락내리락 요동치던 시절이 그리워지기도 한다.

나의 첫 책 작가의 말에, 오만하게도 나는 이런 문구를 남겼다.

> 내가 만약 계속 무언가를 쓰면서 살게 된다면, 죽을 때까지 젊은 글만 쓰고 싶다는 생각을 했다. 언제까지 그럴 수 있을진 모르지만, 언제까지 이 일을 하게 될진 모르지만. 그리고 그런 생각을 하는 나는 아직, 어른이 되려면 멀었나 보다 싶었다.*

그 마음을 잊어버린 것도 아니고, 잃어버리지도 않았다. 여전히 내 마음에 살고 있는 어린아이가 때때로 나를 곤란하게 만들기도 방황하게도 하지만, 또 웃기기도 한다. 예전처럼 아무 때나 튀어나와 삶을 온통 엉망진창으로 만들어 버리진 않지만, 그래서 나는 또 가끔 그 아이를 찾아 내 마음을 한없이 뒤지기도 한다.

박완서 선생님이 자신의 마지막 책에 남겼던 작가의 말을 떠올린다.

> 나도 사는 일에 어지간히 진력이 난 것 같다. 그러나 이 짓

---

* 나는 아직, 어른이 되려면 멀었다_강세형_김영사(2010)

이라도 안 하면 이 지루한 일상을 어찌 견디랴. 웃을 일이 없어서 내가 나를 웃기려고 쓴 것들이 대부분이다.*

요즘 나는 매일 현관문을 연다.
마음도, 머리도, 조금씩 딱딱해져 가는 내가 지루하다 느껴진 걸까. 무엇을 보고 웃게 될지, 무엇을 보고 또 아파할지, 내 안의 어린아이를 찾아 현관문을 연다. 놓치면 또 지나가 버릴 오늘의 밤하늘을 기억하기 위해, 깜빡 눈을 감았다 뜨면 또 사라져 버릴 오늘 하루를 기억하기 위해, 한글창을 열고 기록을 남긴다.

* 친절한 복희씨_박완서_문학과지성사(2007)

여 름

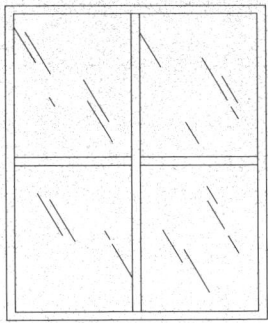

비가 완전히 그치자,
신이 난 매미들이 갑자기 한꺼번에 우왕! 하고 울어댄다.

또 하루의 여름밤이 지나간다.
소란하면서도 정겨운 여름 소리와 함께.

2023년 6월 19일 월요일   산책 104일 차

총 걸음 7,784보

총 거리 5.3km

날씨 앱을 확인하곤 깜짝 놀랐다.
최고 기온 35도.

낮에 나갔다간 흐물흐물 녹아 버릴 것 같아
산책은 저녁으로 미루고 집에서 식물을 돌보는데,
땀이 주르륵.
이젠 정말 여름인가 보다.

낮에는 연신 30도가 넘는 날이 지속되니 에어컨을 준비시키긴 해야겠는데, 에어컨 앞에도 빽빽하게 놓여 있는 화분들. 에어컨 바람이 나올 길을 만드느라 식물들을 재배치하고 나니 땀범벅이 됐다.

물 샤워를 하고 저녁을 먹고 밤 산책을 나갔는데, 밤에도 덥다. 아직 6월인데, 봄만큼 산책이 즐겁지 않은 것을 보면 역시 날씨는 인간에게 큰 영향을 주나 보다.

런던에서 산책하던 시간들이 그리워진다. 이번 여행 중 런던에서 일행들과 가장 자주 했던 농담은 "우리 여기서 떡볶이 장사할까?"였다. 구체적인 레시피와 장사 방법까지 논하며 몇 번이나 같은 농담을 반복했다. 그 농담을 하면서 내가 지금 런던을 좋아하고 있구나, 라는 사실에 놀랐다. 거의 20년 만에 찾은 런던이었다. 이십 대 때의 나는 런던을 좋아하지 않았다. 그땐 가을의 끝자락에 갔던 것 같은데, 춥고 3시 반이면 해가 져 깜깜하고, 어쩐지 도시 전체가 음습하고 지저분해 보였다. 내 머릿속 런던 신사는 언제나 우산을 들고 있는 이미지였는데, 역시 런던은 축축하군. 그랬던 것 같다.

5월의 런던은 참 좋았다. 런던은 이렇게나 공원이 많은 곳이었구나, 놀라기도 했다. 물론 식덕들과 함께한 여행인 만큼 여행 내내 식물원, 가드닝에 진심인 교외 마을들, 첼시 플라워쇼까지 식물들을 잔뜩 보고 온 건 맞는데, 굳이 따로 일정을 잡지 않아도 런던엔 공원이 참 많아서, 하루도 공원을 거르고 걸을 수 없었다.

그리고 무엇보다
여행 내내 흐린 날이 하루도 없었다.

볕도 바람도 너무도 적당하여 아침에 일어나 홀로 나선 산책길도, 저녁을 먹고 일행들과 슬렁슬렁 걷는 공원도 참 좋았는데, 지금 생각해 보니 다 날씨의 힘이었나 싶다. 일행들과 "우리 여기서 떡볶이 장사할까?"라는 농담을 할 때마다 뾰족이가 옆에서 "지금 날씨가 좋아서 그런 거야. 겨울 되면 엄청 추울 거야." 흥을 깨곤 했는데, 그땐 흘려들었던 그 말이 오늘 문득 떠오른다.

발이 무겁다.
땀이 주룩주룩 흐른다.

집에 가서 야식으로 떡볶이나 먹을까나.
날이 더워지니 산책길이 짧아진다.

2023년 6월 20일 화요일

산책 105일 차
총 걸음 11,319보
총 거리 7.5km

최고 기온 28도.
어제보단 좀 덜 더운 것 같아 낮 산책을 나섰지만, 비 소식이 있어서인가 습한 날씨에 콧방울에 땀이 맺힌다. 결국 행로를 변경해 평소보다 일찍 집으로 향한다. 그전엔 6킬로, 7킬로를 어떻게 한 번에 걸은 걸까.

집에 가는 길 아이스크림이나 사 먹을까. 지갑을 확인하려 가방을 뒤지는데 구겨진 파리의 지하철 티켓이 나온다. 어제 런던을 떠올리면서도 그랬지만, 오늘 다시 파리의 지하철 티켓을 보는데, 기분이 묘하다. 돌아온 지 보름도 지나지 않았는데, 벌써 작년 일처럼 아련하다.

나이를 먹어 가면서 시간 개념이 어렸을 때와 조금씩 다르게 인지되는 걸 느끼곤 한다.

오전에 했던 일이 어제 했던 일 같고,
지난주 일은 또 몇 년 전 일처럼 까마득한데,

꽤 오래전 일들은 또 얼마 안 된 것처럼 느껴지기도 한다.

오랜만에 만나는 지인들과 우리가 언제 마지막으로 봤나를 따지다 보면 늘 놀란다. 분명 본 지 얼마 안 된 것 같은데, 벌써 몇 년이 훌쩍 지나 있을 때가 많다.

얼마 전(이라고 쓰고 기억을 되짚어 보니 이것도 벌써 작년 일인가 보다) 편집자와 통화를 하다가 "그래도 작년에 책이 나왔으니까 너무 조급하게 생각하지 않아도…"라고 얘기를 시작하는데, 편집자가 내 말이 채 끝나기도 전에 이렇게 말했다.

"재작년입니다, 작가님. '희한한 위로'는 재작년에 나왔고요, 작가님 속도면 오늘부터 쓰셔도 다음 책은 5년 만의 신작입니다."

아….
잠깐 눈 한번 깜빡한 것 같은데도
1년, 2년이 훅훅 지나 있는 요즘이다.

—

밤 산책을 나오기 전, 녹두와 주고받은 문자를 되새기다 또 조금 웃었다.

- 편집자 말이 맞았어. 1년 걷고 쓰고. 또 그 글들 정리하고….
- 그치. 언니 속도면 뭐 후반 작업만도 6개월 이상 걸리겠지. 그럼 내후년에나 책이 나오겠네?
- 진짜 5년 만의 신간이 되려나….
- 편집자 그 친구, 참 똑똑해.

2023년 6월 21일 수요일

산책 106일 차
총 걸음 12,891보
총 거리 8.9km

최고 기온 26도.
오전 내 비가 와 기온이 좀 떨어졌다.

곧 장마도 온다 하고 올해 장마는 정말 길 거라던데, 오늘 같은 날 안 걸으면 언제 걷나 싶어 점심을 먹자마자 좀 걷고, 저녁을 먹자마자 또 걸었다.

밤 산책길에 만나곤 하는 두 할머니의 꽃집과 먹거리 노점이 모두 닫혀 있다. 원래 수요일이 쉬는 날이었나. 이렇게 나란히 두 가게가 모두 닫혀 있는 건 어쩐지 처음 보는 것 같은데, 내가 수요일엔 이 길로 안 왔던 건가. 고개를 갸웃하며 지나친다.

본격적인 장마가 시작되면 산책을 어떡해야 하나 한참 전부터 고민만 하고 있었는데, 오늘 노랑이 링크 하나를 보내줬다.

'비 오는 날 신발, 이런 건 어때유?'

탈부착 스트랩 구조로 샌들과 슬라이드로 도두 다 사용 가능한 리복 제품이었는데, 디테일을 보기도 전에 결제부터 하고 있는 나. (나도 이제 정말 장비병 환자가 된 것일까.)

'며칠 전부터 계속 고민만 하면서 미루고 있었는데, 결제 완료! 고민 해결!'
이렇게 답을 보냈더니 노랑이 말했다.
'그 텔레파시가 나한테 왔나 봐.'

나처럼 쇼핑이 어렵고 게으른 애들에겐, 검색도 잘하고 새로운 제품 소식에 빠삭한 지인이 곁에 있다는 것만도 좋은 일인데, 그 지인이 텔레파시까지 받을 줄 알다니, 나는 참 복도 많지.

필요한 게 생기면 또 계속 생각만 해 보고 있을까나.
텔레파시 받은 노랑이 알려 줄 때까지.

2023년 6월 22일 목요일 산책 107일 차
총 걸음 13,863보
총 거리 9.6km

오랜만에 녹두를 만났다. 무려, 시청 앞에서.
함께 전시 하나를 보기로 한 것.

녹두는 두 아이의 엄마인 데다 교수님이며 서울에 살고 있지 않아 자주 만날 수 없다. 한번 만날 때마다 마음이 급하다. 밀린 이야기가 언제나 너무 많다. 문자를 주고받다 이렇게 맺음 할 때가 많다. '이야기를 저금해 놔. 자세한 건 만나서 얘기하자.' 그러다 한번 만나면 눈꺼풀이 무거워질 때까지 수다를 떤다. 오래 수다 떨기 편한 곳을 찾아서인지, 아니면 둘 다 집순이라 그런지, 우린 거의 서로의 집에서 만나곤 했는데, 이번에는 서울에 출장 온 녹두가 우리 집에서 자고 가기로 한 데다, 오늘 녹두 일이 끝나는 곳이 이쪽이라 시청 앞에서 만나기로 했다.

시청역에서 내려 계단을 올라가는데, 녹두가 서 있다.
내가 다 올라오자, 녹두가 말한다.

- 나 왜 설레?
- 나도 오면서 그 생각 했는데! 무려 시청 앞이라니!

시청 앞이라 떨리는 건 오래된 노래 때문이려나. 시청 앞, 덕수궁, 정동, 광화문. 희한하게 이쪽 동네 이름에선 아련함이 느껴진다. 이십 대 땐 많이 왔던 곳이지만 이제는 그렇지 않은 곳이라 그런 걸까. 그냥 오래된 동네라 오래된 노래, 오래된 소설에서 많이 봐 왔기에 그런 걸까. 오래된 동네에서 오래된 친구와 함께 걷는 길이 즐겁다.

마지막 전시실에선 작가에 대한 다큐멘터리 영상이 흘러나오고 있었는데, 둘이 나란히 앉아 한참을 보다 내가 녹두 쪽으로 고개를 돌렸더니 마침 녹두도 동시에 내 쪽으로 고개를 돌리고 있다. "갈까?" 그만 봐도 되겠다고 생각하는 시점이 둘 다 똑같은 것도 웃기다.

언젠가 녹두를 떠올리다 이런 생각을 한 적이 있다. '녹두는 나한테 한 번도 상처 준 적이 없네.' 인간관계라는 것이 그럴 수 있나. 가족, 친구, 연인, 직장 동료, 그냥 아는 지인. 그 어떤 관계에서도 크고 작은 상처를 주고받을 수밖에 없다. 그러다 관계가 더 돈독해지기도 하고, 끊어지기도 하는 법인데, 녹두와의 이십 년도 넘는 시간을 아무리 되짚어 봐도 찾을 수가 없었다. 내가 빌런이었나. 그래서 녹두에게 물어봤는데, "나도 없는데? 언니한테 상처받은 적?" 그러곤, "우리 별로 안 친한가 보다." 하고 깔깔 웃는다. 녹두가 웃으면, 개그 욕심이 더 발현된다.

나의 그 어떤 농담에도 상처받지 않는 녹두와 녹두의 어떤 농담에도 상처받지 않는 나의, 1박 2일 수다가 이어진다.

그래도 밥은 먹어 가면서 놀아야지.
저녁을 먹고 나와 잠깐 또 걸을까 싶어 녹두에게 물었다.
"얼마나 걸을 수 있어?"
녹두가 답한다.
"계속 걸을 수 있어."

얼마 전 닌자가 했던 답과 똑같다.
녹두 또한 '네까짓 게 걸어 봤자지'인가.

그래,
하찮은 몸뚱어리랑 놀아 주느라 너희가 고생이 많았지.
나도 더 노력할게.
또 오래오래 수다 떨 수 있게.

2023년 6월 26일 월요일

산책 111일 차
총 걸음 7,097보
총 거리 4.6km

장마가 시작됐다고 하고 오전부터 비가 오긴 오는데, 크게 오진 않고 내렸다 그쳤다를 반복한다. 이런 날 신으려고 준비한 나의 새로운 장비, 샌들을 꺼낸다. 그리고 한참을 걷다 깨닫는다.

반바지가 필요하구나.

무릎 아래로 바지가 다 젖어 무겁다. 그러곤 또 깨닫는다. 나에겐 반바지가 없구나. 더위는 거의 타지 않고 추위만 많이 타니 반바지를 사 본 적이 없다. 맑은 날에도 안 나가던 애가 비 오는 날 이렇게 걸어 본 적이 없으니, 허허. 다시 깨닫는다. 밖에 나가려면 참 많은 게 필요하구나.

꽃집 할머니의 노점은 오늘도 문이 닫혀 있다. 그래도 먹거리 할머니의 노점에는 불이 켜져 있어 반가운 마음에 나도 모르게 발걸음을 늦추며 우산 아래로 고개를 숙여 노점 안쪽을 유심히 보게 됐는데, 그 안에 현수막이 하나 걸려 있다. 할머니의 활짝 웃고 있는 모습이 담겨 있는 현수막. 그런데 할머니의 웃음 위쪽으로 적혀 있는 글자를 보고 나는 조금 당황하고 말았다. 김귀정 열사 추모 30주년 다큐멘터리. 그 글자 아래에서 할머니는 오늘도 부처 미소를 띤 채 마늘을 까고 계셨다.

어쩐지 낯설지 않은 이름이다. 집에 와 검색을 해 보다 깨닫는다. 나도, 들어 본 적이 있는 이름이구나. 할머니의 이름으로 검색을 하니 또 많은 정보가 쏟아진다. 병원 영안실 앞에서 혼절할 듯 울고 있는 젊은 날의 할머니 사진이 뜬다. 다 키워 놓은 스물넷 딸을 먼저 보내고 그 후로도 30년 넘게 이 길을 지키며 노점을 해 온 할머니의 삶이 쏟아져 내린다. 노점을 하면서도 늘 베풀고 있는 할머니의 이야기에는 꽃집 할머니의 인터뷰도 짧게 등장했다. '여기 있으면 굶어 죽진 않아.' 막연하게만 상상해 왔던 할머니의 삶을 이렇게 구체적으로 맞닥뜨리니 오히려 머릿속이 하얘진다. 그 삶을 살아 내고도 입가에 부처 미소를 띤 채 오늘도 여전히 노점에 앉아 마늘을 까고 계시던 할머니의 모습이 머릿속에서 쉬이 사라지지 않는다.

비 오는 날 그저 현관문을 열고 동네 산책을 나섰을 뿐인데, 그 길 위에서 만난 현대사가 아프다.

2023년 6월 28일 수요일　　　　산책 113일 차

　　　　　　　　　　　　　　　총 걸음 8,275보

　　　　　　　　　　　　　　　총 거리 5.5km

내일 비가 많이 온다더니 오늘 최고 기온은 23도밖에 되지 않는데도 굉장히 습해 조금만 움직여도 땀이 주르륵 흐른다. 창문을 활짝 열어 보곤 아무래도 낮 산책은 무리다 싶어 다시 창문을 닫고 에어컨을 켰다. 미뤄 뒀던 분갈이를 해야겠다. 작은 화분에서 꾸역꾸역 자라다 지쳐 자꾸만 픽픽 쓰러지는 애들을 큰 화분으로 옮겨 주면서, 대대적인 자리 이동도 감행한다.

지난가을, 우리 집 거실 사진을 보고 뾰족이가 말했다.

"너 이러다 죽어."

그땐 정말 화분 수가 너무 많아서, 애들 물 주고 샤워시키고 가지 치고 돌보기만 하는데도 매일매일의 반나절이 사라졌다. 결국 냉정한 뾰족이와 다정하지만 버림에 있어선 또 만만치 않게 모진 노랑이 우리 집을 방문했다.

"이건 파. 이것도 그만 키워. 같은 애들이 왜 몇 개씩 있는 거야? 이것도 쓰봉해." (식덕들 사이에서 '쓰봉하라'는 말은 식물을 쓰레기봉투로 보내라는 뜻으로, 일종의 사망 선고다.)

뾰족이가 뾰족한 말들을 쏟아 내는 사이, 노랑이 다정한 미소를 장착한 채 이미 분을 엎고 있다. 그렇게 하나둘 파다 보니 거실에 깔아 놓은 분갈이 매트(실은 다이소에서 산 정말 큰 김장 매트) 위로 흙이 쌓여 가는데, 다 파고 보니 사람 하나 묻을 만한 흙이 나왔다. 그 흙을 다시 50리터 쓰레기봉투에 나누어 담는데, 나도 모르게 내 입에서 이런 말이 흘러나왔다.

"미친년이네."

어쩌자고 이렇게까지 식물을 늘려 온 걸까. 감당하지도 못할 애들을 끝도 없이 늘려 온 내가 정말 미쳤나 싶었다. 하지만 그때의 나에겐 그게 필요했다. 끝없이 쏟아져 오는 외부 자극으로부터 나를 보호할 무언가가 필요했다. 온전히 혼자가 될 수 있는 나만의 시간, 나만의 보호막이 필요했는데, 그것이 나에겐 식물이었다.

아주 날카로웠던 시기가 지나가고,

이젠 조금 날카로운 시기를 겪고 있는 나는 요즘,
산책을 한다.

집 안에서 식물들과 보내는 시간을 줄이고, 밖으로 나가 바깥 식물들과 바깥세상을 구경한다. 여전히 모자와 마스크를 쓰고 이어폰을 귀에 꽂은 채, 조금의 보호막은 남겨 놓은 상태로 나가고 있긴 하지만, 그래도 지금은 현관문을 열 수 있는 사람이 되었다. 그러니, 그렇게 될 수 있는 데까지 나를 도와줬던 식물들을 무작정 다 내칠 수는 없다. 나는 여전히 식물들을 키우고 있다. 하지만 이제는 내가 감당할 수 있는 선까지만 키워야지, 라고 분명 다짐을 하긴 했는데….

애들이 점점 자란다.
수는 줄었지만 애들이 자꾸만 자라나니,
우리 집은 다시 정글이 됐다.

입양을 보내든 쓰봉을 하든 또 한 번 정리를 하긴 해야 할 것 같지만, 오늘은 이미 지쳤으니 슬그머니 현관문을 열고 밤 산책을 나간다.

꽃집 할머니의 노점은 오늘도 열지 않았다.

2023년 6월 29일 목요일

산책 114일 차

총 걸음 12,963보

총 거리 8.8km

일어나 계속 창문을 기웃거리다가 그래도 그렇게까지 비가 많이 오는 것 같진 않아 조금만 걸을까 집을 나섰는데, 공원으로 가는 길 갑자기 폭우가 쏟아진다. 안 되겠다 싶어 다시 집으로 방향을 틀었는데, 날 놀리듯 또 5분도 안 돼 비가 잦아진다.

이왕 나온 거, 그냥 집으로 돌아가긴 아까워 공원 반대 방향으로 계속 걸었다. 평소 동네 산책을 할 땐 횡단보도 건너는 게 귀찮아 횡단보도를 건너지 않아도 되는 길로만 크게 돌고 또 작게 돌고 그렇게 뱅글뱅글 산책을 했는데, 오늘은 어쩐지 초록불이 제때 맞춰 딱딱 켜져 나도 모르게 횡단보도를 몇 개 건너 새로운 길로 갔더니, 앗. 청계천이 나왔다.

우리 집에서 청계천이 이렇게 가깝다고?
청계천은 시청 쪽에 있는 거 아냐?

(나중에 집에 와 찾아보니 청계천은 꽤 긴 하천이었다. 시청 쪽에 있는 청계 광장부터 시작해 성수동 근처에서 중랑천과 만나 동호대교 쪽 한강으로 흘러 들어가는, 총 길이 10km가 넘는 엄청 긴 하천이었다.)

새로운 풍경이 즐거워 예상보다 많이 걸었다. 비 오는 청계천 가를 우아하게 걷고 있는 저 긴 목의 새는 뭐지? 아니, 서울 시내에 저렇게 큰 새가 있다고? 한참을 서서 바라본다. 학이라고 하기엔 색이 좀 진하고, 두루미라고 하기엔 색이 좀 연하고, 왜가리인가? 고개를 갸우뚱하며 또 걷는데, 황학교라는 푯말이 보인다. 황학인가? 황학은 전설 속에 나오는 새 아닌가? 근데 황학동은 그 황학에서 비롯된 이름인 건 맞나? 어, 나 지금 어디지? 새로운 풍경에 눈도 바빠지고, 머리도 바빠지고, 정신을 못 차리며 걷고 또 걷는다.

관성을 조금만 벗어던져도 이렇게 새로운 풍경이 펼쳐지건만, 횡단보도 신호등 기다리는 게 뭐 그리 힘든 일이라고, 나는 왜 매일 같은 자리를 뱅글뱅글 돌았을까.

비 오는 날을 위해 새로 장만한 신발이 무적이라 어쩐지 더 신이 난다. 샌들인데 발목을 잡아 주고 바닥에 쿠션까지 있어서 운동화처럼 편한데 발은 안 찝찝하다. 지나가는 사람들의 축축한 신발을 보니 괜히 더 뿌듯해 계속 걷다 보니, 집에서 너무 멀어졌다.

앗, 어서 돌아가야지.
냉동고에 손질 오징어가 하나 남았으니, 오늘 저녁엔 김치전을 해 먹어야겠다.

—

비 오는 날의 김치전은 늘 옳아서 꼭 많이 먹게 된다. 밤에 비가 많이 올까 봐 낮에 무리해서 나갔던 건데, 밤이 되어도 이슬비 정도로만 부슬부슬하기에 소화도 시킬 겸 동네 한 바퀴를 돌기로 한다.

오늘은 꽃집도 문을 닫았고, 먹거리집도 문을 닫았다. 저번엔 수요일에 닫았던 것 같은데, 오늘은 목요일이건만 낮에 비가 많이 와서 문을 안 여신 건가. 아니면 그냥 휴일은 왔다 갔다 하는 건가.

나 혼자선 백날 물어봤자 답 없는 질문을 또 던지며,
동네 한 바퀴.

2023년 7월 1일 토요일   산책 116일 차

                                총 걸음 5,870보

                                총 거리 3.9km

최고 기온 33도.

서울숲 초입부터 물소리와 웃음소리가 들려온다.
분수 마당에서 홀딱 젖은 채 뛰노는 아이들. 그 아이들과 함께 놀아 주고 있는 아빠들의 웃음소리. 캠핑 의자까지 가져와 간식거리를 준비하고 있는 엄마들도 삼삼오오 모여 수다를 떨고 있는데, 물소리 때문에 서로의 말이 잘 들리지 않는 모양이다. 목소리가 제법 크다. 조금 더 깊숙이 들어가니 트로트 음악 소리가 들린다. 그늘에 할아버지들이 모여 음악을 틀어 놓곤 담소를 나누고 계신다. 그 음악을 배경 삼아 벤치에서 낮잠을 자고 있는 할머니들도 보인다. 트로트 음악이 잦아질 즘 이번엔 보사노바 음악 소리가 들려온다. 데이트 중인 젊은 연인. 그들 옆으로도 앞으로도 뒤로도 사람은 많지만, 저 작은 담요 위의 두 사람에겐 아무것도 보이지 않는 것 같다. 오직 둘만이 존재하는 세상 속에서 두 사람의 눈빛이 제법 뜨겁다. 복잡한 서울숲을 뚫고 한참을 들어가 뒷길로 접어드니, 이번엔 자연이 내는 소리

가 들려온다. 바람에 나뭇잎 스치는 소리, 힘찬 매미 소리, 종알종알 수다스러운 새들의 소리, 졸졸 흐르는 개울 소리까지. 그때쯤 내 콧방울에서 똑 하고 땀방울이 떨어진다.

이 모두가, 여름의 소리구나.

2023년 7월 2일 일요일   산책 117일 차
                          총 걸음 13,650보
                          총 거리 9.3km

청계천을 발견한 후,
횡단보도를 건너는 데 재미가 들렸나 보다.
오늘도 새로운 횡단보도를 건너 새로운 길로 향해 본다.

또 다른 횡단보도의 건너편은 높은 건물에 커다란 간판들이 어지럽게 붙어 있는 유흥가. 어디서나 볼 수 있는 식당과 어디서나 볼 수 있는 카페 간판을 읽는 건 금세 지루해진다. 유흥가를 빠져나와 또 다른 골목길로 접어드는데, 길가에 색색깔의 이불과 베개가 잔뜩 쌓여 있다. 그리고 그 아래 또박또박 손 글씨로 적혀 있는 글귀.

물어보세요
　　얼마냐고

얼마일까나. 물어볼 것도 아니면서 잠시 두리번거리는데, 사람은 보이지 않는다. 일요일 한적한 주택가엔 사람 한 명 보이지 않는다. 이불에게 다가가 살짝 물어보면 이불이 가

르쳐 주려나.

길을 걸으며 만나는 손 글씨들은 늘 흥미롭다. 얼마 전엔 어떤 아파트 단지 안에 있는 작은 연못 앞에서 이런 글씨를 봤다. '입수 금지. 낚시 금지.' 안을 들여다보니 작은 송사리 같은 것들이 보이긴 하는데, 이 작은 연못에 들어가는 사람이, 아니 것보다 여기서 진짜 낚시하는 사람이 있다는 건가.

어느 가게 앞 화분들 위에 쓰여 있던 '화분 가져가지 마세요', 어느 골목길 어귀 가로등 밑에 적혀 있던 '여기에서 주무시면 안 됩니다', 어느 네일샵 앞엔 이런 글귀가 붙어 있었다. '어깨 수술로 당분간 쉽니다.' 그냥 '개인 사정으로 쉽니다'라고 쓸 수도 있었을 텐데, 어깨 수술이라는 구체적인 이유를 써 놓은 글쓴이의 마음이 느껴진다. 그렇게 길에서 만나는 손 글씨에는 글쓴이의 기분, 글쓴이의 사연이 담겨 있는 것 같아 늘 흥미롭다.

우리 집 앞 어느 담벼락엔 A4 용지가 하나 붙어 있다. 그 용지엔 붓펜 같은 것으로 누군가 꾹꾹 눌러 정성스럽게 쓴 손 글씨가 적혀 있는데, 그 내용은 다음과 같다.

누구던지 상추

뜨더가지마세요

카메라 돌려서

신고합니다

그 글씨 아래에는, 상추, 깻잎, 고추 같은 키잡(키워서 잡아먹는)용 식물들이 잔뜩 심겨 있었다. 하지만 나의 시선은 다시 '누구던지'로 향한다.

'니 내 누군지 아나? 어! 내가 말이야, 어!'

누군가는 그렇게, 몹시도 당당하게, 남의 집 상추를 뜯어 가곤 하는 걸까.

'느그 서장이랑 임마! 어저께도, 어!?
같이 밥도 묵고, 어!? 사우나도 가고! 어!?'

영화 속 한 장면이 떠올라 혼자 좀 몰래 웃다 하늘을 보니, 양떼구름이 끝도 없이 펼쳐져 있다. 날은 더워도 여름의 하늘은 참 예쁘구나. 괜히 조금 더 먼 길을 택해 집으로 돌아온다.

2023년 7월 5일 수요일   산책 120일 차
                         총 걸음 16,505보
                         총 거리 11km

횡단보도를 건너기 시작한 이후 매일 가던 공원을 너무 등한시한 것 같아, 오늘은 공원 쪽으로 방향을 잡았다. 고작 열흘 남짓밖에 안 된 것 같은데, 오솔길에서 만나는 고양이가 반갑다. 잘 지냈니? 게이트볼 경기장에선 여전히 멋쟁이 할머니 할아버지들이 공을 치고 계신다. 그 옆 정자에선 여전히 심각한 표정의 할아버지들이 바둑을 두고 계신다. 꽃은 오래전에 이미 다 져 버렸지만, 여름 해를 받아 잔뜩 푸르러진 이팝나무에도 인사를 건네고, 슬슬 화단이 있는 잔디밭으로 향한다. 멀리서부터도 화단 구성이 좀 변했네 싶었는데, 가까이 다가가자 반가움이 물밀듯 밀려온다.

공룡이 돌아왔다!

그 사이 공룡 반대파가 탄핵당하고 다시 공룡 찬성파가 집권하게 된 걸까? 반가운 마음에 휴대폰을 꺼내 사진을 찍는다. 언제 또다시 반대파가 재집권할지 모르니, 오늘 내 눈에도 많이 담아 놔야지 싶어 한참을 들여다보다 결심했다.

그래, 좀 생뚱맞고 촌스러워 보일 수도 있지만, 있다 없으니 그렇게 섭섭하고, 없다 다시 생기니 이렇게 반갑고 정겨우니, 나는 찬성에 투표해야겠다.

화단에 공룡을 놓을 것인가, 말 것인가.
이 안건이 주민 투표로까지 이어진다면 말이다.

2023년 7월 6일 목요일   산책 121일 차

총 걸음 12,212보

총 거리 8.4km

(내 딴에는) 빠른 걸음으로 걷다 잠깐 멈칫한다.
그리고 한번 돌아본다.
꽃집 할머니를 얼핏 본 것 같다.

언젠가부터 매일 꽃집 문이 닫혀 있어,
낮에는 열었나, 밤에는 열려나.
시간대를 바꿔 가며 매일 산책길 부러 그 앞을 지나칠 수 있는 길로 방향을 잡아 집으로 돌아오곤 했다.

오늘도 꽃집은 여전히 닫혀 있었지만, 근처 다른 노점 아주머니와 심각한 표정으로 얘길 나누고 계시던 할머니가, 그 미간의 주름과 말을 멈출 땐 꾹 다문 그 고집스러워 보이는 입술이, 꽃집 할머니가 맞는 것 같다.

꽃집을 열지 못하는 데는 뭔가 어른들만의 사정이 있는 걸까. 그래도 오랜만에 꽃집 할머니를 보니 조금 안심이 된다.

먹거리집 할머니는 오늘도 무심한 표정 위로 약간의 미소를 띤 채 나물을 다듬고 계신다. 그 평온한 표정이 시끌벅적한 이 밤거리를 걷는 나에게도 묘한 평온을 가져다준다.

매일 지나도 매일 바뀌는 밤의 풍경과 밤의 행인들 사이에, 낯익은 표정 하나 있다는 것이 어쩐지 나를 안심하게 한다.

2023년 7월 7일 금요일   산책 122일 차

총 걸음 8,536보

총 거리 5.7km

성수에서 모임이 있는 날이라, 좀 일찍 와 서울숲을 돈다. 날이 뜨거워 그늘로 그늘로만 이동하며 걷는데 갑자기 논이 나타났다. 응? 이거 정말 논인가? 하는데, 저 옆에 '논습지'라는 팻말이 서 있다. 서울 한가운데서 만나는 논이라니! 내가 모르는 서울의 모습이 이렇게나 많다는 걸 느끼는 요즘이다.

논뷰를 좋아한다.
언젠가 친구들과 차를 타고 남도 쪽 여행을 하는데, 내가 계속 "논이다!" 하곤 창에 바짝 붙어 밖을 바라보니 친구들이 "왜 그렇게 논을 좋아해?" 해서, 내가 논을 좋아한다는 것을 알았다. 특히 한여름의 푸릇한 논이 좋다. 빽빽하니 낮게 심어진 푸르고 여린 벼들을 보고 있으면 이상하게 마음이 좋다. 바람까지 불어 여린 벼들이 흔들흔들거리면, 내 마음도 흔들흔들, 평소엔 좀처럼 움직여지지 않는 내 몸뚱어리도 조금은 흔들거리게 되는데(타인의 눈엔 그저 흐느적흐느적으로만 보일 수 있겠지만), 그때의 기분이 참 좋다.

아주 작은 땅에 심어진 벼들이긴 하지만, 서울 한가운데서 만나는 논이 너무 반가워 근처를 서성이며 한참 바라봤다. 여기도 모내기를 할 텐데, 기계가 들어올 만큼 큰 땅은 아니니 옛날 방식으로 사람들이 줄줄이 서서 모내기를 하려나? 구경 오고 싶다…. 여기서 수확된 쌀은 누가 먹으려나? 맛있으려나. 여러 가지 것들이 궁금해 찾아보니, 서울숲 모내기 체험, 추수 체험이 다 있다. 사진들을 쭉 보니, 어린아이들이 허리를 굽혀 모내기를 하고 추수를 한다. '재밌겠다…'라는 생각과 함께, 그런 생각을 했다는 것만으로도 농민들에게 미안한 마음이 드는 동시에, '나는 어린아이가 아니잖아.' 어쩐지 또 아쉽다. 그 사이 나의 뇌는 또 저 어린아이들 틈에서 모내기하고 있는 내 모습을 플레이하고 있는데, 벌써 창피하다.

며칠 전부터 '박하경 여행기'라는 드라마를 보고 있다. 혼자 걷고 먹고 멍때리기 위해 당일치기 여행을 하는 박하경의 모습이 조금은 나와 비슷하려나 했는데, 1화 템플스테이 편에서 이미 난, 틀렸구나 싶었다. 사람들이 자꾸 말을 건다. 것도 나라면 되게 곤란했을 것 같은 질문들을 막 던진다. 그래도 박하경은 직업이 선생님이라 그런가. 워낙 평소에도 많은 사람들을 상대해 와서 그런가. 나랑 비슷한 성격인 듯하면서도 저런 상황과 질문들에 굉장히 잘 대처한다.

조금은 부러운 마음이 들려고도 했지만,

아니다. 나는 틀렸다.
서울숲 모내기 체험과 추수 체험에는 못 갈 것 같다.
템플스테이에도….

2023년 7월 8일 토요일   산책 123일 차
                              총 걸음 14,483보
                              총 거리 9.8km

낮 산책이 조금 늦어지거나, 밤 산책이 조금 빨라져 저녁 6시와 7시 사이 길을 걷고 있을 때면, 사람들의 손을 유심히 보게 된다. 요즘은 그 시간에도 해가 지지 않아 더 잘 보인다.

퇴근길.
집으로 돌아가는 길.
그들의 손에 들려 있는 저녁이.

만두를 1인분만 사 가시네, 혼자 사시나. 근데 만두로만 한 끼가 해결되려나. 젊은 아가씨라 가능한 걸까. 피자 두 박스 묶음을 들고 가는 아주머니네는 대가족인가. 저 나이대면 성장기 아들이 있을 수도 있겠구나. 1.5리터 콜라를 들고 바삐 걸어가는 젊은 학생. 엄마 심부름이려나. 아니면 친구네 집에 놀러 가는 길일까. '치킨은 시켜 놨는데, 콜라가 없네. 오는 길에 사 와!' 꽤 큰 아이스크림 케이크를 두 개나 들고 가는 아저씨네에선 내일 딸내미 생일잔치라도

있는 걸까.

사람들 손에 들려 있는 저녁으로 그들의 삶과 그들의 저녁 식탁을 추측해 보는 것도 재밌고, 김밥, 돈가스, 햄버거, 감자탕, 찜닭. 그들의 비닐봉지에 적힌 글씨를 보고 나의 저녁 메뉴를 고민해 보기도 한다. 어떤 아주머니의 장바구니에 삐쭉 올라와 있는 대파를 보곤, 내 냉동고에도 대파 떨어지지 않았나? 나의 장 볼 거리를 생각해 보기도 한다.

슬슬 배고픈데, 나는 오늘 또 뭘 먹어야 하나.
오늘도 그들 손에 들려 있는 비닐봉지 하나하나와 눈 맞춤하며 집으로 돌아오는 길, 생뚱맞게 내 눈이 아닌 내 귀가 번뜩한다.

"쥐포, 오징어. 쥐포, 오징어. 맛있는 쥐포가 열 장에 만 원. 맛있는 오징어도 있어요."

돌아보니 쥐포와 마른오징어를 싣고 천천히 멀어져 가고 있는 트럭 한 대가 보인다. 이 더운 날, 나는 오는 길을 되돌아 쥐포 트럭을 따라간다. 서 주면 좋겠는데…. 때마침 어떤 할아버지가 트럭을 세웠다. 오! 고맙습니다. 트럭 아저씨가 내렸고, 할아버지가 쥐포를 사는 동안 나도 트럭 앞에 도착. 쥐포가 담긴 검은 비닐봉지를 흔들거리며 집으로 오는 길이 어쩐지 신난다.

앗, 근데 오늘 저녁엔 뭘 먹지?
쥐포에 홀려, 저녁 메뉴를 까먹었다.
집 앞에 다 와서, 커닝할 비닐봉지도 보이지 않는다.

2023년 7월 9일 일요일   산책 124일 차

총 걸음 9,440보

총 거리 6.6km

평소보다 조금 일찍 눈이 떠진 오늘, 엄마 집에 가는 날이라 부엌에서 빈 그릇들을 챙기다 서재로 돌아와 보니, 부재중전화에 엄마가 찍혀 있다.

10분도 안 된 시간에 콜백을 했는데, 엄마가 전화를 받지 않는다. 평소의 나는 오전엔 자고 있는 사람이라, 우리 엄마는 오전뿐 아니라 이른 오후에도 나에게 전화를 하지 않는다. 그런데 이렇게 이른 시간 엄마의 부재중전화가 찍혀 있으니 불안한 마음이 든다. 성당 다녀오신 후 샤워하시나 싶어 20분 후에 다시 전화를 했는데도 받지 않는다. 그리고 또 20분 후에 해도 안 받고, 또 20분 후에 해도 안 받고, 그렇게 한 시간이 넘게 흐르니 내 망할 놈의 상상력이 나의 불안을 계속해서 부추겨 나는 결국 언니에게 전화를 한다. 혹시 전화기를 두고 언니 집에 가셨나 싶었는데, 언니도 모른다고 한다. 오빠에게 전화를 한다. 오빠도 외출 중이라며 어제 엄마랑 같이 저녁을 먹었고 오늘은 통화한 적이 없단다. 우리 삼 남매는 모두 약간의 패닉 상태가 됐다. 오빠랑 통화를 하고 있는데 언니에게 전화가 온다. "엄마네 집 현관 비밀번호가 뭐였지? 내가 지금 가 볼게." 결국 가까이 사는 언니가 출동했다.

그리고 10분 후, 언니에게 다시 전화가 걸려 왔다. 언니는 약간 화가 나 있다. 전화기 너머로 엄마가 오빠랑 큰소리로 통화하고 있는 것이 들린다. 엄마는 오빠한테 혼나고, 언니한테 혼나고, 이어서 나에게 또 혼난다. "전화를 했으면 다시 전화가 올 테니까 전화기를 옆에 두고 있었어야지!" 10분 후 오빠에게 다시 전화가 왔다. 엄마가 성당 갈 때 전화기를 무음으로 해 두곤 다시 유음으로 돌리는 걸 자꾸 잊어버리시는 것 같다며, 자기도 일요일에 여러 번 놀라서 엄마 집에 간 적이 있다고 했다.

우리 삼 남매가 이렇게도 유난을 떠는 이유가 있다. 지난해 1월, 아버지가 돌아가셨다. 그 사이가 좋았든 나빴든 아무렇지 않았든, 50년을 함께한 배우자가 어느 날 사라져 버렸을 때의 기분을, 나는 아마 평생 모를 것이다.

내가 아직 삼십 대였을 때만 해도, 내가 영화라도 보느라 전화를 못 받으면 엄마에게 걸려 온 부재중전화가 수없이 찍혀 있곤 했다. 특히 내가 독립을 한 후엔 엄마의 걱정은 더욱 심해져 어느 날 자고 있는데 엄마가 갑자기 찾아온 적도 있다. 내 전화기엔 걸려 온 전화가 하나도 없었는데, 아마도 그날 내 전화기에 문제가 있었던 모양이다. 내가 밤새 전화를 받지 않아 이른 새벽 엄마가 택시를 타고 온 거였다. 엄마의 그런 모습이 과잉보호나 통제욕처럼 느껴져 버거웠을 때도 많았다.

"아니, 사람이 어떻게 24시간 내내 전화를 받을 수 있어! 잘 수도 있고, 무슨 공연 보느라 전화를 꺼 놓을 수도 있고, 일도 해야 하고 화장실도 가고 샤워도 할 텐데!"

이런 말을 수도 없이 반복하고 또 반복한 끝에, 이제는 내가 전화를 받지 않아도 엄마는 몇 시간 정도는 기다릴 수 있는 사람이 되었다.

그런데 이제는 내가, 그럴 수 없는 사람이 되었다.
우리 삼 남매가 모두 그럴 수 없는 사람이 되었다.

지난해 그 일을 겪고 엄마가 흔들릴 때마다 오빠가 말했다. "엄마마저 없으면 우리 고아 돼. 엄마가 정신 바짝 차려야 해." 나는 종종 이런 말로 엄마를 협박한다. "엄마 없으면 나는 뭐, 굶어 죽겠지." (반 협박이긴 하지만, 요즘은 정말 그럴 수도 있겠단 생각도 든다. 나처럼 먹는 것에도 게으른 사람이, 엄마 반찬이라도 빨리빨리 먹어야 한다는 생각을 안 하면, 지금처럼 먹는 것에 부지런을 떨 순 없을 것 같다.)

오늘도 내가 한 번에 다 먹을 수 없는 양의 음식이 식탁 위에 가득했고, 전쟁이 나도 몇 달은 버틸 수 있을 것 같은 양의 음식이 내가 가져갈 보따리로 들어갈 준비를 하고 있다. 또한 보리 언니를 위한 잡채와 김치까지 따로 준비돼 있었다. 내 친구들에게 줄 김치나 반찬을 조금씩 더 쌀 때면 엄마가 늘 물어보는 말이 있다. "걔는 엄마가 있니?" 엄마가 있다고 하면 "아 그럼, 이만하면 됐다." 하시지만, 엄다가 없다고 하면 꾹꾹 눌러 훨씬 더 많은 양을 담고 또 담으신다. 보리 언니네로 향하는 반찬들은 그래서 또 계속 늘어난다.

'너는 엄마가 있니?'

언젠간 나도 그 질문에 쉬이 답할 수 없는 상황에 놓일지 모른다. 하지만 나는 아직 그런 상황은 상상할 수가 없고, 상상하고 싶지도 않아서, 오늘도 나는 엄마를 협박한다. 집에 돌아와 반찬 정리를 마치고 밤 산책을 나가기 전 엄마에게 전화를 한다. "전화기 늘 꼭 챙기고, 엄마 건강은 엄마가 챙겨야 해. 엄마 없으면 난 진짜 굶어 죽을 수도 있어."

2023년 7월 11일 화요일   산책 126일 차

총 걸음 8,821보

총 거리 5.8km

이 집으로 이사 오기 전, 근처 맛집을 검색한 적이 있다. 나는 집순이라 밥도 거의 집에서 먹지만, 친구들이 오면 어딜 가야 하나 쓱 살펴보다가 즉석떡볶이집을 하나 발견했다. '여긴 정말 맛없을 수가 없겠네.' 그런 생각이 드는 간판과 인테리어. 무척 오랫동안 그 자리를 지켜 온 집 같았다.

이사한 다음 날 집 정리를 도와주러 온 친구들과 뭘 먹을까 몇 개의 집을 두고 고민하다 그 떡볶이집으로 향했는데, 그 날이 그 집의 마지막 날이었다. 우린 그날 이곳에 처음 왔는데, 우리 나이 정도로 보이는 많은 사람들이 계산을 하면서, 혹은 지나가다 들어와서 주인 할머니에게 인사를 했다. "할머니, 오늘 마지막 날이라면서요. 인사하러 들렀어요", "저 중학생 때부터 여기 왔었어요", "건물이 헐린다면서요, 다른 데서 다시 안 하세요?", 어떤 중년의 부부는 "저희 연애할 때 여기 정말 많이 왔어요. 할머니 건강하세요"라며 인사를 한다. 우리 같은 애들이 하필 오늘 같은 날 여기 테이블을 차지하고 있어도 되나, 하는 마음과 오늘 오길 잘했

네, 오늘 아니면 이 집 떡볶이 맛은 평생 몰랐겠구나, 하는 생각이 동시에 들었다.

오늘 산책을 하다 오래된 빵집 하나가 문을 닫은 걸 발견했다. 구시가지 같은 곳에 있을 법한 온갖 빵들을 아주 싼값에 파는 정말 오래돼 보이는 빵집이었는데, 오늘 보니 가게가 텅 빈 채 폐업 수순을 밟고 있는 듯 보였다. 세월의 흔적이 느껴지는 낡은 간판을 괜히 한번 올려다본다. 우리 동네엔 구불구불 골목길을 끼고 전통시장과 이런 오래된 가게들이 즐비한 구시가지가 있는 반면, 길을 건너면 반듯반듯한 네모난 길에 반짝반짝 세련된 간판들이 줄지어 있는 신시가지 같은 상권도 있다. 신시가지의 반짝반짝한 간판들은 꽤나 자주 바뀐다. 그런데 구시가지의 이런 오래된 가게가 문을 닫는 모습을 보는 건, 어딘지 좀 다른 기분이다.

스티커가 벗겨지고, 앞번호가 두 자릿수인 옛날 전화번호가 적혀 있고, 받침 하나가 사라지거나 간판 불빛 어딘가에 구멍이 난, 세월을 이기고 여기까지 온 낡은 간판이 사라지는 과정을 지켜보는 일은, 역시 좀 다른 기분이다.

늘 지나치기만 했던 빵집인데, 뭐라도 좀 사 먹어 볼걸. 아쉬운 마음에 괜히 여러 번 뒤돌아본다.

2023년 7월 12일 수요일   산책 127일 차
                       총 걸음 14,343보
                       총 거리 9.5km

낮에도 공원을 한참 걷다 왔는데,
내일부터는 정말 비가 많이 온다고 해서,
저녁을 먹고 다시 산책을 나왔다.

그렇게 낮에는 공원에 가고,
밤에는 청계천 가로 다시 왔더니,
어쩐지 하루에 두 사람을 만나는 바람둥이가 된
기분이 든다.

집으로 돌아오는 길, 역시나 조금 지쳤다.
발걸음이 느려진다.

아, 바람도 정말
부지런하고 체력이 있어야 필 수 있는 거구나.

2023년 7월 14일 금요일   산책 129일 차

총 걸음 12,312보

총 거리 8.2km

눈을 뜨자마자 물을 마시려고 부엌 쪽으로 걸어가는데, 첨벙.
부엌 바닥이 흥건하다.

이사 온 첫날, 싱크대 아래쪽에서 물이 새서 한번 난리를 치고 고쳤는데, 싱크대에서 다시 물이 새나. 그럼 또 사람 부르고 공사하고 큰일인데, 싶었지만 싱크대가 아니다. 비가 많이 와서 어디서 샌 건가. 아니면 윗집에서 샌 건가. 그건 더 골치 아픈데, 했지만 천장 쪽을 봐도 멀쩡하다.

마음을 가다듬고 물의 근원을 따라가다 보니, 범인은 소형 냉장고였다. 우리 집 부엌은 워낙 작아서 큰 냉장고를 실내에 둘 수 없다. 이 집의 원래 냉장고 자리가 부엌 쪽 베란다다. 하지만 나는 추위를 굉장히 많이 타는 사람이라 겨울에 냉장고를 열어야 할 때마다 베란다로 나간다는 것은 상상만 해도 공포 그 자체였기에, 실내에 둘 수 있는 작은 냉장고를 샀다. 물이나 음료수, 간단한 간식 등은 거기서 바로 꺼내 먹으면 돼서 편한 부분이 있었지만, 문이 하나인 소형 냉장고의 맨 위 냉동고 칸에는 성에가 낀다. 조금만 모른 척해도 성에는 괴물처럼 자라나 냉동고를 꽉 채울 정도로 커지는데, 그럼 냉장고 전원을 끄고 안에 있는 물건을 다 밖으로 꺼낸 다음 성에가 녹을 때까지 기다려야 하고, 그사이 또 물을 계속 닦아 줘야 하는 어마어마한 번거로움이 발생해 더더욱 모른 척하는 시간은 길어진다.

그런데 지난밤 내가 자는 사이 소형 냉장고가 고장이 났나 보다. 괴물처럼 자라난 성에가 녹아서 물이 똑똑 떨어지다 못해 냉장고 밖으로 흘러나와 부엌 바닥까지 흥건히 다 적셔 놓았다.

아, 심난해.

일단 모른 척하고 커피를 내려 서재로 도망을 왔다. 커피 한 모금을 마시고, 잠깐 마음을 다스리며, '나는 어른이잖니. 결국 내가 치워야 해.' 용기를 내 다시 부엌으로 갔다. 그 난리통을 치우면서 중간중간 성에가 끼지 않는 지금보다 조금 더 큰 사이즈의 소형 냉장고를 검색한다. 예전의 나라면 온라인으로 그냥 주문을 했겠지만, 오늘의 나는 대리점에 가 보기로 한다.

나는 프로산책러니까.

1킬로쯤 되는 거리야 당연히 걸어서 가 볼 수 있지.

다른 모델이 있을 수도 있고, 행사 같은 걸로 더 싸게 살 수도, 어쩌면 더 빨리 받을 수도 있잖아?

난리통을 대충 다 정리한 다음, 대리점으로 향했다. 그런데, 소형 냉장고가 없다! 원하면 그냥 (물건을 보지 못한 채) 주문해야 한단다. 이러며 인터넷이랑 뭐가 다른가. 가격은 10만 원이나 더 비싸다. 좀 더 걸어서 이마트 안에 있는 일렉트로마트로 향했다. 여기도 없다! 심지어 여기선 주문도 안 받는다. "저희는 대형 제품만 취급해요"라는 직원의 성의 없는 말투에서 '애들은 가라'와 같은 느낌이 전해진다. 아니, 1인 가구가 얼마나 많은데, 소형 냉장고를 보고 살 수 있는 곳이 이렇게 없다고?

하지만 나는 어른이니까, "아, 네. 알겠습니다." 공손하게 답하곤 돌아선다. 집에 가서 인터넷으로 주문하면 되지 뭐. 나온 김에 동네나 한 바퀴 돌고 들어갈까. 내일 닌자가 오면 제일 먼저 소형 냉장고로 향할 테고, (닌자는 나의 간식 상자인 소형 냉장고를 나보다 더 사랑하는 사람이다.) "어머, 이거 왜 비었어!?" 놀라겠지. 그럼 나는 약간 으쓱해 하며 오늘의 무용담을 얘기할 것이다.

이런 일이 있었는데도 난 울지 않았다고.
아주 어른답게 대처했다고.
1년 새 내 마음도 이렇게나 많이, 튼튼해졌다고.

-

지난해 여름이었다.
아버지가 돌아가시고 6개월쯤 지났을 때였는데, 그때 나는 여러 가지로 많이 힘들었던 것 같다. 하지만 나는 괜찮아야 했고, 괜찮다고 말해야 했기에, '나는 괜찮아'라는 말을 너무 많이 해서, 이런 이야기를 상상하기도 했다.

거짓말을 하면 코가 길어지는 목각 인형 피노키오.
'난 괜찮아'라는 말을 할 때마다 코가 조금씩 조금씩 계속 자라나 어느덧 그 코는 뱀의 똬리처럼 피노키오를 돌돌 말 정도가 되고, 피노키오는 그 코가 무거워 더 이상 움직일 수도 없다. 그런데도 사람들은 나무 똬리로 변해 버린 피노키오의 코가 그루터기인 양 그 위에 앉아 또 자신의 이야기를 늘어놓는다. 그 이야기를 들어주고 또 들어주고, 하지만 정작 피노키오는 자신의 이야기는 하지 못한 채 '난 괜찮아'라고 말하고, 그러면 또 코가 자라나는 일이 계속해서 반복된다. 피노키오로부터 자신의 위로를 챙긴 사람들은 금세 또 웃으며 길을 떠나지만, 피노키오는 무거운 코와 함께 그 자리에 우두커니 앉아, 다음 사람이 와서 또 그의 이야기를 늘어놓는 것을 듣고만 있다.

그런 이야기를 상상하고, 번번이 그런 모습을 한 피노키오 꿈을 꿀 정도로, 그때의 나는 괜찮지 않았던 것 같다. 그때의 나는 자정이 넘어 이제는 아무도 나에게 연락할 일이 없는 새벽 시간에, 전화기를 슬립 모드로 바꾼 채 침대로 들어가 미드 한두 편을 보다 자는 시간이 너무 소중했다. 세상과 단절돼 나 혼자가 되는 시간, 이런저런 딴생각도 할 수 없게 만드는 몰입감 넘치는 미드 한두 편이 그때의 나에겐 숨 쉴 구멍이었다.

그런데 어느 여름밤. 그날은 이상하게 하루 종일 안 좋은 일들이 연달아 터져 안 그래도 몹시 지쳐 있었는데, 샤워를 하고 나왔더니 헤어드라이어가 고장 나 있었다. 날은 덥고 머리는 습하고. 그래도 참았다. 선풍기를 켜고 머리를 말리며, '오늘 정말 이상한 날이네. 하지만 괜찮아, 괜찮아.' 그렇게 또 나를 다독였던 것 같다. 그렇게 대충 머리를 말리고 침대로 들어와 TV를 켰다. 그런데 TV가 켜지지 않았다. 리모컨 배터리도 바꿔 보고, TV 본체의 온오프 버튼도 눌러 보고, 멀티탭도 바꿔 보고, 인터넷으로 검색도 해 보며 내가 할 수 있는 건 전부 다 해 봤는데도, TV가 켜지지 않았다. 그렇게 한 시간 정도를 TV랑 씨름을 하다 결국 울음이 터졌다. 이게 울 일이니? 내 스스로도 어이가 없었지만, 계속 눈물이 났다. 그렇게 한참을 울다 닌자에게 문자를 했다. '너는 잘 것 같긴 한데'로 시작하는 문자였는데, 바로 닌자에게 답장이 왔다. '안 자.' 몇 번의 문자가 오가고, 'TV 고장은 너무 하지'라던 닌자가 '지금 갈게'라고 답을 했다. '너 내일 출근해야 하는데, 이 시간에 오면 어떡해.', '괜찮아. 한 시간 너랑 놀고, 두 시간 자고, 5시에 나가면 돼.' 내가 여러 번 괜찮다고 나 이제 괜찮다고 했지만, 결국 닌자는 우리 집에 왔다. 오자마자 소형 냉장고로 가서는 사이다를 꺼내곤, "나 먹을 거"라고 말했다. "수박 줄까?", "아니. 탄수화물." 각종 과자를 펼쳐 놓고 한 시간 동안 이런저런 쓸데없는 대화를 주고받았다. "너 이제 정말 자야 해. 내일 출근해야지"라는 나의 말에 닌자는 "TV가 안 되면 휴대폰으로 보는 방법이 있지. 넌 이거 보고 있어. 요즘 이거 엄청 화제야. 내가 혹시 못 일어나면 5시에 깨워 줘"라며, '이상한 변호사 우영우'의 1화를 틀어 주곤 침실로 들어가 잠을 잤다. 나도 혹시 잠들었다가 닌자를 못 깨워 줄까 봐 엄청 집중하며 우영우를 봤던 지난여름의 기억.

하지만 오늘 나는 냉장고가 고장 났지만 울지 않았고, 엄청 어른스럽게 소형 냉장고에 있는 것들을 다 베란다 쪽 큰 냉장고로 옮기고, 청소도 말끔하게 하고, 제습기를 틀어 부엌도 말렸으며, 온오프라인 비교까지 해 가며 스형 냉장고를 새로 주문했다. 그러니,

내일 꼭 닌자에게 자랑해야지.

우산을 써야 하나 말아야 하나 부슬부슬 비 오는 밤,
청계천 가를 걸으며 그런 생각을 했다.

2023년 7월 15일 토요일　　　산책 130일 차

총 걸음 9,596보

총 거리 6.9km

닌자가 왔다.
"나 커피!"
오자마자 커피만 주문한 채 바로 앉는다.
냉장고는 열어 보지 않는다.
"밥 먹으러 가자, 배고파!"
커피를 마시고 집을 나올 때까지도
냉장고를 열어 보지 않는다.

저녁을 먹으며 그새를 못 참고 내가 먼저 물어본다.
"근데 너 오늘은 왜 오자마자 냉장고 안 열어 봤어?"
"아, 맞다! 목이 안 말랐어. 하하하. 커피가 더 급해서. 집에 가서 사이다 먹어야지!"

밥을 먹으면서도 수다.
함께 청계천을 걸으면서도 수다.
다시 집에 돌아와서도 새벽까지 수다를 떤다.

"안에 냉장고 없으니까 엄청 불편하긴 하다. 커튼 열고, 베란다 문 열고, 냉장고 문까지 열어야 해!"

중간중간 닌자는 베란다에 나갔다 온다.

닌자가 돌아가고 나니, 목이 아프다. 닌자나 녹두가 오면 밀린 수다가 끝이 없어, 헤어지고 나면 꼭 목이 아프다. 지난달 하룻밤 자고 간 녹두가 아침에 일어나 내 얼굴을 빤히 보더니 이렇게 물었다. "언니는 왜 잠만 자고 일어났는데, 얼굴 살이 쪽 빠졌어? 아! 어제 말 많이 해서?" 그렇게 자문자답하곤 까르르 웃었다. "그러게, 평소에 말 좀 해. 그래야 면역력도 생기지!" 그러곤 또 까르르.

그러니까. 그렇게 하루 대차게 말하고 놀고 나면, 다음 날 1킬로가 빠져 있는 나. 하지만 목이 아파도, 살이 빠져도, 닌자와 녹두는 늘 반갑고 또 반갑다.

2023년 7월 16일 일요일   산책 131일 차
　　　　　　　　　　　　총 걸음 6,938보
　　　　　　　　　　　　총 거리 4.8km

횡단보도 앞에 있는 쉼터 의자에 어떤 젊은 남자가
탁! 하고 플라스틱 컵을 내려놓는다.
컵 안에는 얼음만 남아 있다.

이어폰을 끼고 있는데도 그 '탁!' 소리가 어찌나 크고 당당한지 나도 모르게 돌아보게 된다. 몹시도 유쾌한 표정의 남자는 옆에 있는 여자와 계속 웃으며 대화를 나눈다. 여자의 얼굴에도 웃음이 떠나지 않는다.

플라스틱 컵 바깥쪽엔 송골송골 물방울이 잔뜩 맺혀 있다.
쉼터 의자가 젖어 간다.
얼음이 녹으면서 의자 위 물웅덩이는 점점 더 커져 간다.

횡단보도 신호등이 초록불로 바뀌자
남자는 웃으며 여자와 길을 건넌다.

플라스틱 컵은 여전히 의자 위에 놓여 있다.

2023년 7월 18일 화요일   산책 133일 차

총 걸음 13,108보

총 거리 8.5km

오전 내 흐리고 찌뿌둥해 내 마음도 잔뜩 찌뿌둥했는데, 오후 들어 갑자기 해가 나기 시작한다. 서둘러 운동화를 신고 밖으로 나섰는데, 우와, 오늘 하늘 무엇. 구름이 여기저기 수채화 물감처럼 번져 있다.

동네 한 바퀴만 돌아야지 했건만,
자꾸 하늘을 올려다보느라 걸음은 늦춰지고,
산책길은 길어진다.

여름엔 옥수수나 팥빙수 같은 것을 팔고, 겨울엔 붕어빵이나 호빵 같은 것을 파는 간식 가게 앞에 옥수수 껍질이 산처럼 쌓여 있다. 그러고 보니 야채 가게들 앞에도 조금씩 쌓여 있던 옥수수 껍질.

이게 한여름의 동네 풍경인 거구나.
집에만 있을 땐 알지 못했던.

찐 옥수수의 달큰한 냄새를 맡으니 배고픔이 밀려온다.
어서 집에 가야지, 마음이 급한 것 같다가도,
자꾸만 하늘을 올려다보게 되니, 걸음은 또 한없이 더디다.

–

날씨가 좋으면 자꾸 무리하게 된다.
집으로 돌아오는 길 발목이 욱신.

족저 근막염 진단을 받은 게 넉 달 전이고,
족근동 증후군 진단을 받은 게 한 달 전이건만.

하루에 만 보 이내로 산책을 제한해야겠다는 생각을,
이제야 한다.

2023년 7월 19일 수요일   산책 134일 차

총 걸음 668보

총 거리 0.42km

결국, 몸이 고장 났다.
어젯밤부터 계속 메슥거려 심상치 않다 싶더니, 오늘 일어나니 모든 관절과 뼈에서 통증이 느껴진다. 꼭두각시 인형처럼 모든 관절이 흐물흐물해져 내 맘처럼 움직일 수가 없다.

내 맘대로 안 되는 몸뚱어리. 40년 넘게 썼으니 이제 익숙해질 때도 됐건만, 이럴 때마다 여전히 좀 서운한 것 또한 어쩔 수 없다. 살을 다시 좀 찌워야겠다고 생각한다. 일정 몸무게 이하로 떨어지면 꼭 몸이 고장 나 버린다. 좀 귀찮아도 세 끼를 다 먹으면, 걸으면서도 살이 안 빠지려나.

걸음은 만 보 이내로 제한해야겠다고 다시 다짐한다.
그래, 날도 더운데 너무 무리했지.

많이 먹고 많이 자고 많이 쉬면서,
다시 걸을 수 있는 몸을 만들어야겠다.

2023년 7월 23일 일요일　　산책 138일 차

총 걸음 11,251보

총 거리 7.4km

그래도 좀 몸이 나아진 듯하여,
오늘은 현관문을 열어 보기로 한다.

공원으로 가는 길은 오르막인데, 아직 오르막은 무리일 것 같아 청계천 쪽으로 방향을 잡았다. 어제부터 오늘 아침까지 비가 많이 와서인지 물이 많이 불어 있다. 한 아저씨가 신발을 벗고 천에 들어가 허리를 숙인 채 무언가를 하고 있다. 뭘 잡고 계시나? 여기도 다슬기 같은 게 있는 건가. 어렸을 때도 친가나 외가 시골에 가야 볼 수 있던 광경을 2023년 서울 한복판에서 볼 수 있다는 게 여전히 신기하게 느껴진다.

집에 오는 길 아이스크림 할인점에 들른다.

며칠 전 새 냉장고가 왔다. 그전 냉장고는 원 도어로, 냉동 칸이 정말 코딱지만 해서 아무것도 넣을 수 없었는데, 이번엔 냉동 칸에 성에가 끼지 않는 투 도어를 샀기에, 나에겐 이제 실내에도 어엿한 냉동 칸이 생겼다. 베란다에 있는 냉장고에서 스크류바 하나를 꺼내 와 실내 냉장고에 넣고는 괜히 흐뭇해했다. 어쩐지 아이스크림을 더 사 와 넣고 싶은 충동에 사로잡혔다. 한 달 전에 사다 놓은 저 스크류바도 아직 안 먹고 있는 주제에.

그리하여 며칠 만에 현관문을 열고 나온 오늘, 나는 과소비를 하기로 한다. 빵또아, 부라보콘, 빠삐코까지 사 와, 여전히 냉동 칸에 자리하고 있는 스크류바 옆에 놓는다. 그리고 잠시 바라보는데, 모두, 내가 아주 어렸을 때부터 있던 애들이다.

내가 옛날 사람이라 계속 옛날 아이스크림만 먹는 걸까. 아니면 요즘 아이들도 여전히, 이 옛날 아이스크림을 먹는 걸까.

마트의 과자 코너나 라면 코너에 가도 비슷한 걸 느낀다. 예전부터 있던 과자나 라면은 여전히 그 자리에 있는데, 새로 나온 과자나 라면은 계속 바뀐다.

모든 것에는 흥망성쇠라는 게 있고 세상은 정말 빠르게 변하고 있어서, 대부분의 분야에선 늘 새로운 것이 옛날 것을 대체하고, 그 새로운 것이라는 것도 1년도 안 돼 옛날 것이 되고 마는데, 희한한 일이다. 아이스크림, 과자, 라면의 경우엔 계속 계속 옛날 것이 살아남고 있다는 것.

사람의 입맛이란 것이 그런 걸까.

펩시콜라 초기에 초등학교마다 무료 자판기를 설치했다는 얘기를 들은 기억이 난다. 그 애들이 커서 코카콜라가 아닌 펩시콜라를 먹도록 하기 위해서.

다른 건 다 몰라도,
입맛만은 어린 시절의 기억이 중요한 걸까.
그래서 집밥, 소울푸드 같은 말들도 있는 걸까.

냉동고 칸을 다시 열어 본다.
스크류바, 빵또아, 부라보콘, 빠삐코가 예쁘게 놓여 있는 걸 보니 괜히 기분이 좋아지지만, 꺼내진 않고 다시 닫는다.

언젠가 먹겠지.
언젠가 닌자가 와서 먹을 수도 있고.

2023년 7월 25일 화요일

산책 140일 차

총 걸음 8,927보

총 거리 6km

소형 냉장고에 넣을 얼음 트레이를 사러 다이소에 들렀다가 깨달았다. 카드 지갑이 없다. 다이소에 들를 생각에 산책용 슬링백이 아닌 에코백을 들고 나오면서 카드 지갑 옮기는 걸 놓쳤나 보다. 내일 다시 오지 뭐. 밖으로 나왔는데 비가 온다. 나에겐 우산도 없다.

처음엔 우산을 쓰나 안 쓰나 똑같을 것 같은 부슬비라 그냥 걷자 곧 그치겠지 했는데, 점점 빗줄기가 굵어진다. 편의점 우산이라도 살까 싶었지만, 아, 나 지갑 없지.

평소의 나는 심지어 맑은 날에도 산책을 나오기 전 꼭 시간대별 강수량을 체크한다. 그런데 딱 하루 방심한 오늘, 비를 만났다. 산책을 시작하기 전엔 비 오는 날 밖에 나간다는 것은 상상해 본 적도 없으니, 이렇게 준비 없이 비를 만난 것이 얼마 만인지 모르겠다. 어느 커피숍 처마 밑에 잠깐 서 있다가, 어차피 집에 가면 샤워할 텐데 뭐. 모자도 쓰고 나왔잖아. 그냥 맞기로 한다. 조금 더 걷기로 한다.

청계천이 가까워질수록 사이렌 소리가 점점 커진다. 어디서 사고가 났나 싶었는데, 청계천에서 울리는 소리였다. 위험하니 청계천 밖으로 즉시 대피하라는 출입 통제 안내 방송과 함께 계속해서 울리는 사이렌. 집에서 청계천까지 20분은 걸려서, 청계천 가까이로 이사 올까 잠깐 생각해 보기도 했는데, 소리에 민감한 나는 여기 살 순 없겠구나를 깨달으며 집 쪽으로 방향을 튼다.

비가 조금씩 그쳐 간다.
비가 완전히 그치자,
신이 난 매미들이 갑자기 한꺼번에 우왕! 하고 울어댄다.

또 하루의 여름밤이 지나간다.
소란하면서도 정겨운 여름 소리와 함께.

2023년 7월 28일 금요일 | 산책 143일 차
| 총 걸음 353보
| 총 거리 0.22km

습하고 더운 날이 계속된다. 컨디션이 좋지 않은 날은 일어날 때 안다. 눈을 떴을 때 이미, 마음이 좋지 않기 때문이다. 지난밤에도 언짢은 꿈을 꿨고, 일어나니 마음이 좋지 않았다. 역시나 몸 또한 굉장히 무겁다. 입안 또한 엉망진창이다. 하루 걷고 하루 고장 나면 곤란한데….

얼마 전 닌자와 요즘 유행이라는 사주의 '살' 얘기를 하다가, 나에겐 월살과 장성살이 다 있다는 것을 알게 됐다. 월살을 찾아보는데, '나약하고 건강상의 문제가 있고, 병을 앓게 되며….' 아니, 아픈 게 사주에 있다고? 그냥 재미로 찾아본 건데 이렇게 나오면 곤란해, 하고 있는데, 장성살을 검색하던 닌자가 빵 터졌다. '끝까지 최선을 다하고 은근과 끈기로 승부를 거는….'

"나약한 주제에 끈기가 있으니 맨날 쓰러지지! 적당히 해!"

적당히. 세상에서 제일 어려운 말이다.

2023년 8월 2일 수요일 산책 148일 차

총 걸음 632보

총 거리 0.4km

최고 기온이 34도, 35도, 36도를 왔다 갔다 하는 날이 계속된다.

나의 침실에는 에어컨이 없다. 나는 더위는 안 타고 추위만 타서, 혼자 있을 땐 에어컨이 거의 필요 없는 사람이었다. 거실에만 있는 에어컨도 손님용으로만 사용해 왔다. 그런데 오늘 눈을 뜨자마자 가장 먼저 든 생각이, '더워….'

눈도 제대로 뜨지 못한 채 거실로 기어 나와 에어컨을 틀었다. 에어컨 앞에 앉아 휴대폰 슬립 모드를 해제하고 오전에 도착한 문자들을 확인하다 단체방에 답을 했더니, '왜 이렇게 일찍 일어났어?'라는 질문이 돌아온다.

'세형이가 일어나자마자 에어컨을 켜다니, 지구가 정말 망하려나 보다.'

요즘 운동을 해서 나의 신체 온도가 올라갔나. 아니면 지구가 정말 많이 아픈 건가. 그것도 아니면 벌써 갱년기가 왔나. 그래도 지난해 여름, 에어컨을 고쳐 놓길 잘했다.

그러고 보니 작년엔 이것저것 뭐가 참 많이도 고장이 났다. 겨울엔 보일러, 여름엔 냉장고와 에어컨.

지난해 1월, 아버지의 장례 일정을 모두 마치고 일주일 만에 집으로 돌아왔을 때, 보일러 온도만 조금 올리곤 그대로 쓰러져 잠을 잤다. 그리고 아침에 일어나 밀린 빨래를 하려고 세탁기가 있는 보일러실 문을 열었는데, 그 안에 가득한 수증기. 유리창은 물론 천장에도 물방울이 그렁그렁 맺혀 있다 못해 아래로 뚝뚝 떨어지고 있었다. 영하의 날씨가 계속되고 있었기에, 처음엔 그저 실내외 온도 차로 인한 결로 현상일 거라 생각하고 보일러실 창문을 활짝 열어 놓곤 일단 서재로 돌아와 밀린 일들을 처리했다. 어느 정도 급한 일들을 처리하고 나니 그제야 결로라기엔 아무래도 좀 과한 것 같다는 생각이 들어 다시 보일러실로 가 봤는데, 수증기가 좀 빠져나간 보일러실 저 안쪽으로 보일러 연통이 빠져 있는 것이 눈에 들어왔다.

아, 정말 연통이 빠지는구나.
그래서 보일러엔 늘 '연통 빠짐 주의'라고 적혀 있는 거구

나. 그런데 이 문제를 나는 어떻게 처리해야 하는 거지?

보일러를 바꾼 지 1년도 안 됐기에 일단 설치해 준 업체에 전화를 했는데, 자기네 기사님이 가려면 일주일 넘게 기다려야 하니 보일러 회사로 전화를 하란다. 회사로 전화를 했더니 본인들 기사님도 일주일 넘게 걸린다면서, 그냥 동네 보일러 고치는 곳에 물어보란다. 동네 이름과 보일러를 함께 검색어로 돌린 다음 하나하나 전화를 하는데, 토요일이라 그런지 안 받는 곳도 많고, 전화를 받는 곳도 우리는 그런 건 안 한다고 하고, 그렇게 정신없는 몇 시간을 보내고 있었는데, 갑자기 현관문 벨이 울렸다.

진짜 너무 정신이 없었는지, 아니면 일이 그리되려고 그랬는지, 나답지 않게 누군지 확인도 안 하고 문을 열었고, 문 앞에는 도시가스 검침원 아주머니가 서 계셨다. 보일러실을 확인하셔야 한다고 하는데, 나는 또 너무 당황을 했는지, 아니면 그저 뇌가 작동을 안 하고 있었던 건지, 평소 모르는 사람에게 내 얘기를 하는 법이 전혀 없는 나이건만, "아니, 지금 보일러실에 연통이 빠져 있는데…. 아니, 그러니까 아버지 장례를 치르고 왔더니…. 아니, 지금 여기저기 전화를 하고는 있는데…." 뇌도 거치지 않은 말을 주절주절 늘어놓고 있었다.

아주머니는 보일러실로 곧장 향해 이리저리 살펴보시더니, 여기저기 전화를 하기 시작하셨다. "김 씨 아저씨, 아직 보일러 일 하시나?", "아저씨, 저 ○○○인데요. 아 누구요? 아, 서 씨 아저씨? 네네, 그리 전화해 볼게요.", "안 돼, 오늘 와야지. 날이 이렇게 추운데."

나의 뇌는 여전히 정지 상태여서 그냥 멍하니 서 있는데, 아주머니가 말씀하셨다. "아가씨 정말 큰일 날 뻔한 거예요. 이러다 강원도 그 펜션에서 애들이 죽은 거야." 그러곤 오늘 오실 수 있는 분은 없지만, 대신 내일 아침 일찍 아저씨 한 분이 오실 거라면서, 오늘은 보일러 끄고 다른 데 가서 자거나 전기담요 켜 놓고 그 안에 들어가서 자라며, 한참이나 이런저런 말씀을 해 주고 가셨다. 아, 이분 뭐지. 내 평생 공짜가 없었는데, 어떻게 딱 필요한 순간에 이런 분이 내 현관문 벨을 누른 거지. 그리고 나는 또 왜 다짜고짜 문을 연 거지. 그때까지도 멍하니 선 채 그런 생각을 했던 거 같다.

다음 날 일요일 아침인데도 정말 아저씨 한 분이 오셨다. 아저씨 또한 어제 아주머니랑 똑같이 이러다 강원도에서 애들이 죽은 거라며, ○○(아마도 검침원 아주머니의 이름이었을 것이다)이 아니었으면 아가씨 진짜 큰일 날 뻔했다며 연통을 고쳐 주고 가셨다. 그리고 그날 오후, 검침원 아주머니에게서 전화가 걸려 왔다.

"아가씨 별일 없죠? 밤새 아무 일 없었죠? 아저씨 다녀가셨죠? 내가 어제 막 가슴이 벌렁벌렁해서 잠을 못 잤다니까."

감사합니다, 라는 말만 연거푸 계속하고 전화를 끊었다.
그리고 내가 조금 울었었나.
잘 기억이 안 난다. 그때의 나는 내 안의 에너지를 거의 다 소진한 시점이었기에, 내 기억에 대한 확신이 없다.

그저 일주일 내내, 부서질 듯 울고 있는 엄마를 보면서, 슬픔에 빠져 있는 언니 오빠를 보면서, 나는 괜찮아야지, 지금 나까지 흔들리면 안 돼. 이런저런 업무를 처리하고, 백 가지 서류에 사인을 하고, 식장을 찾아 준 분들에게 똑같은 이야기를 계속 반복하는 동안, 나라도 정신을 바짝 차려야 한다. 그 생각만을 계속해서 내게 주입하느라 모든 에너지를 소모해, 집으로 돌아왔을 땐 그냥 계속 멍했던 기억만이 남아 있다.

그러고 보니
그때 참 추웠는데, 그것도 벌써 1년 반 전이구나.

에어컨을 켜 두었더니, 어느새 실내 온도가 떨어져 나는 다시 추워졌다. 에어컨 설정 온도를 조금 올린다.

에어컨이 고장 났을 때도 비슷한 일이 일어났다. 공식 A/S 센터에선, 실외기를 철거해 가서 수리하고 다시 와서 설치하고 그러면, 지금 예약도 많아 한 달은 넘게 걸린다고 했다. 그래서 나는 어차피 더위도 별로 안 타니, 이참에 그냥 에어컨 없이 살까도 진지하게 고려하고 있었는데, 또 어디선가 구원자 같은 분이 나타났다. 아마도 철거 설치 쪽 하청업체 아저씨였을 것 같은데, 철거 날짜를 잡으러 내게 전화를 하셨다가, "안 돼이. 그렇게 하면 철거 설치비 이중으로 들어가는디? 돈도 많이 들고, 시간도 많이 걸리고, 아가씨 더워서 안 돼이. 아가씨 잠깐만 기다려 줘유." 그러더니 10분 후 다시 전화가 와선, 그날 실외기를 철거해 복도로 빼서 회사 사람들이 부품을 가는 동안 우리가 기다렸다 다시 설치해 주고 가면 된다며, "거 뭐 시간 얼마나 걸린다고. 아가씬 암것도 걱정하지 마유." 하시곤 전화를 끊으셨다. 그리고 정말 그날 하루 만에 모든 것이 해결됐다.

아, 그래서 내가 올해 이렇게 걷고 있구나.

불쑥 그런 생각이 들었다. 더 이상 못 버틸 것 같다는 생각이 들 때도 많았던 작년을 견디고, 올해의 나는 현관문을 열고 매일 산책을 나간다. 나를 잘 아는 나의 사람들이, 그리고 또 나는 알지도 못했던 낯선 사람들이 나에게 내밀었던 손길들. 그 손을 잡고 일어나, 내가 또 걷고 있구나. 불쑥, 그런 생각이 들었다.

그나저나 그럼에도 오늘은 너무 덥네.
오늘 하루만 살짝, 쉬었다 갈까나.

2023년 8월 3일 목요일 산책 149일 차

총 걸음 9,510보

총 거리 5.3km

책상 앞에 앉아 있는데,
어디선가 타다닥 소리가 들린다.

고개를 돌려 가며 살펴보다 천장을 올려다보니,
노랑 점박이 무당벌레가 천장에 붙어 있다.

엄청 큰 벌레가 아닌 이상, 벌레를 그다지 무서워하는 편은 아니다. 어차피 모기는 나를 물지도 않는다. 모기는 건강한 사람을 문다는 얘길 들은 적이 있는데, 그래서 나이 든 사람과 젊은 사람이 함께 있으면 젊은 사람만 문다고 하던데, 한여름 사람들과 밖에서 시간을 보내다 다른 사람들이 모두 모기 때문에 괴로워할 때면, 나는 좀 외로워진다. 내 피 맛없니? 여기서 내가 젤 어린데, 나 무시하는 거니? 가끔 우리 집에 들어온 모기를 보면, 다른 집 가. 여기선 너 굶어 죽어. 일러 주기도 한다. 그래도 윙윙거리는 소리는 싫어. 그리고 혹시 모르니 벌레채로 잡기는 한다.

그런데 이렇게 가끔 무당벌레가 들어오면, 선뜻 벌레채를 찾으러 가진 못하겠다. 무당벌레는 식물 진드기도 잡아 주는 이로운 아이인데, 심지어 귀엽잖아? 모른 척 계속 책을 읽는데, 타다닥. 타다닥. 무당벌레가 자꾸 소리를 낸다. 언니 책 읽는다. 조용히 다녀. 그런데 갑자기 타다닥, 툭. 제풀에 지쳤는지, 날갯짓 박자가 꼬였는지, 등짝부터 바닥으로 떨어졌다. 몸을 못 돌린다. 메모지로 살짝 들어 올린 후, 창문으로 다가가 방충망을 열고 날려 보낸다.

어, 밤공기는 그래도 걸을 만하겠는데?
나도 걸으러 나가야지.

2023년 8월 4일 금요일　　　산책 150일 차

총 걸음 9,989보

총 거리 6.7km

'갑자기 그냥 생각난 건데, 산책하고 와서 링피트를 딱 한 판만 하는 건 너무 귀찮을까? 근력 운동도 해야 하지 싶어서.'

며칠 전 아침, 일어나니 뾰족이에게 문자가 와 있었다. 안 그래도 나 또한 그런 생각을 하던 참이었다. '너무 다리 운동만 하고 있나. 이 부실한 팔은 어떡해야 하지? 링피트나 요가를 다시 시작해 볼까.'

코로나가 무척 심각했을 무렵, 집에만 있어도 칭찬받는 세상이 됐다는 게 너무 기이하면서도 나에겐 그게 또 그리 어려운 일이 아니라, 정말 집에만 있었다. 지나치게 집에만 있었다. 그러던 어느 날, '너 그러다 못 걸어.' 뾰족이가 링피트를 보내 줬다. 뾰족이는 늘 내가 못 걸을까 봐 걱정인가 보다. 말은 뾰족해도 다정한 뾰족이.

그렇게 링피트를 TV에 연결해 게임처럼 운동을 하기 시작했는데, 이게 은근 재밌는 거다. '잘 만들었네. 지루하지 않게 팔, 다리, 복부 골고루 운동시켜 주네.' 그래서 또 계속했다. 매일 했다. 너무 많이 했다. 약한 주제에 끈기가 있는 나란 사람. 결국 몇 달 만에 병이 났다.

아, 이 익숙한 패턴.
나는 왜 이렇게 매번 미련한 걸까.

한 달쯤 비실비실 누워 지내다 조금씩 링피트와 멀어졌다. 그러니, '한 판만 해. 꼭! 재밌다고 또 너무 많이 하지 말고!' 뾰족이의 잔소리에 토를 달 수가 없다.

산책은 하루에 만 보 이내로 걷기.
링피트는 하루에 30분 이내로 하기.
오랜만에 링피트를 켜며 마음속으로 다짐을 했다.

그렇게 오늘도 산책을 마치고 돌아와 링피트를 켜고 스쿼트와 팔 운동까지 이어 하는데, 땀이 주르륵주르륵. 내가 이렇게까지 운동을 한다고? 이 더운 여름에?

산책에 링피트에, 그렇게 땀을 왕창 흘리고 났더니,
무슨 올림픽에라도 나가는 사람이 된 것 같다.

2023년 8월 5일 토요일　　　산책 151일 차

총 걸음 9,702보

총 거리 6.2km

청계천의 징검다리를 건너 보았다.

늘 우리 집 방향에서 내려가 동서로 이어진 산책로만 걸으며, 강 건너에서 걷고 뛰는 사람들을 바라보기만 했다. 북쪽으로 연결된 길로 올라가는 사람들이 보이긴 했지만, 저 길은 어디로 이어지는 걸까. 그냥 궁금해하기만 했다.

그러다 오늘, 드디어 결심을 했다.
횡단보도도 그렇게 귀찮아했잖니.
징검다리 건너는 게 또 무슨 대수라고, 오늘은 건너 보자!

징검다리를 건너, 사람들이 올라가던 북쪽 길로 접어들자,
어머, 여긴 또 뭐야?
청계천과 전혀 다른 분위기의 산책로가
청계천보다 좁은 폭의 강을 따라 북쪽으로 쭉 연결돼 있다.

성북천이었다.

이 장미들은 뭐지. 오른쪽 보행자 산책로를 따라 장미 나무가 끝없이 심겨 있다. 한여름 뙤약볕에 말라비틀어져 아포칼립스 분위기를 띠고 있긴 했지만, 조명을 받은 시든 장미들은 또 나름의 운치를 발산한다. 강 건너는 자전거 보행자 겸용 도로로 자전거 타는 사람들이 꽤 보인다. 청계천보다 폭이 좁은 하천이라 그런지 여기 징검다리들은 또 너무 귀엽고, 강가를 따라 피어 있는 잡초들도 훨씬 가까이에서 느낄 수 있어 정겹다. 높은 빌딩과 아파트들 사이에 있는 청계천과 달리, 성북천 양옆으로는 낮은 빌라와 주택들이 이어지는데, 갑자기 시간을 거슬러 오래전 어느 동네로 시간여행을 온 듯한 기분마저 든다. 풍경은 이리 고즈넉한데, 이곳을 걷고 뛰는 사람들의 나이대는 청계천에 비해 어리다. 스포츠웨어 광고에 나올 법한 옷차림으로 조깅을 하고 있는 젊은 사람들.

새로운 풍경이 즐거워 계속해서 또 북쪽으로 걷는데, 엄청 큰 나무가 강 쪽으로 잔뜩 기울어져 있고, 파란색 작은 불빛들이 이 오래된 거목의 잎들 사이로 움직이고 있다. 가까이 다가가니 팻말이 보인다.

별빛이 내린 나무

안암교와 안감교 사이에 위치한 나무에
레이저 조명을 투사하여 나무에 별빛이
내린 모습을 연출하였습니다.

*하절기에만 운영

동대문구청 치수과

근데, 저렇게 밤새 레이저 불빛을 쏴대는 것이 나무에 좋으려나. 그 불빛은 반대편 빌라 벽에도, 창문에도 쏘여지고 있었다. 저 집에 사는 사람들은 괜찮으려나. 정작 나무 이름은 없다. 느티나무인가? 혼자 짐작해 볼 뿐이다.

어? 근데 여기 동대문구라고? 우리 집은 성동구인데? 나 지금 얼마나 걸어온 거지? 휴대폰을 꺼내 걸음 수를 체크한다. 지금 돌아가면 딱 만 보쯤 되겠구나.

어쩐지 더더더 위로 가 보고 싶지만, 나에겐 걸음 제한이 있으니 발걸음을 돌려 다시 남쪽으로 내려가면서도 아쉬운 마음에 자꾸만 별빛 나무를 돌아보게 된다. 이 나무 너머에는 또 어떤 새로운 풍경이 펼쳐져 있으려나.

2023년 8월 8일 화요일   산책 154일 차
　　　　　　　　　　　　총 걸음 10,205보
　　　　　　　　　　　　총 거리 6.7km

약속이 취소됐다.
다시 코로나가 극심해지고 있는 건지,
여기저기서 코로나에 걸렸다는 지인들 소식이 들려온다.

너무 더워 낮에는 차마 나갈 생각을 못 했는데, 약속이 취소된 김에 밤 산책을 나선다. 오늘 밤하늘은 유난히 파랗다. 서울에서도 이렇게 선명한 파란 밤하늘을 볼 수 있는 거였구나.

아를의 밤하늘을 보고 놀랐던 기억이 떠오른다. 고흐의 그림 '밤의 카페테라스'에 나오는 파란 밤하늘이 진짜 그 파란색이라 놀랐던 기억. 환상적인 분위기를 위해 만들어 낸 게 아니라, 정말 있는 그대로를 그린 거였구나 싶었다.

비현실적인 색감과 환상적인 분위기의 그림들을 볼 때면 가끔 궁금해진다. 이런 색감과 상상력은 어디에서 오는 걸까. 그는 정말 이런 세상을 보고 있는 건 아닐까.

나는 오로지 나의 눈으로만 세상을 본다. 타인의 눈으로는 절대 단 한 번도 세상을 볼 수 없을 것이기에 죽을 때까지도 확인할 수 없는 일이긴 한데, 가끔 의문이 든다. 우리가 모두 같은 것을 보고 있는 건 맞을까? 여러 사람과 여행을 하다 보면 같은 장소에 가도 서로 다른 것을 보고 온 경우가 허다하다. 서로의 사진을 교환하다 보면 놀란다. 여기 이런 게 있었어? 네 눈엔 이런 게 보이는구나. 내 눈엔 이런 게 보이는데.

고흐의 그림 속 파란 밤하늘도 그렇지만, 모네의 뿌연 수련 시리즈도 그가 노년에 앓았던 백내장의 영향일 수 있다는 얘기가 있다. 도스토옙스키의 소설에도 그가 앓고 있던 간질에서 비롯된 망상이 영향을 끼쳤을 거란 분석이 있다. 정말 그의 머릿속에서 일어나는 일을 썼다는 거다. 사실 정신질환이 예술에 미치는 영향에 대한 그런 분석과 글들은 너무 많다. 그래서 가끔은 정말 궁금하다. 그들의 눈에는 정말 세상이 이렇게 보이는 건 아닐까. 그들의 머릿속에선 정말 그런 일들이 일어나고 있는 건 아닐까. 다수의 사람들과는 조금 다른 걸 보고, 조금 다른 걸 생각하고, 조금 다른 걸 만들어 내는 사람들이 예술가라면, 망상과 예술은 결국 한 끗 차이인 건 아닐까.

하지만 누군가의 다른 시선, 누군가의 망상은 예술이 되고, 누군가의 다른 생각, 누군가의 망상은 그저 장애로만 남아 또 다른 누군가를 괴롭힌다. 망상이 예술이 되지 못하고, 누군가를 상처 입히는 칼로 변해 버리는 순간에는 무엇이 영향을 미치는 걸까.

파란 밤하늘에 홀려 걷다 보니, 오늘도 참 많이 걸었다. 요즘 나는 정말 많이 걷고 있다. 그렇게 계속 걷다 보면 정말 많은 생각을 하게 된다. 왜 그렇게 많은 작가들이 산책에 대한 기록을 남겼는지 알 것도 같다. 언젠가 천장이 높은 집이 창의력에 도움이 된다는 글을 읽은 적이 있다. 그땐 가난한 예술가들이 그런 집에 살 수 없으니, 내 머리 위에 아무것도 없는 밖으로 나가 그렇게 산책을 하는 걸까 싶었는데, 정작 내가 계속 걷다 보니 단순히 그 이유만도 아니었겠구나 싶다. 생각이 너무 많은 날에는, 내 생각에 잡아먹힐 것 같다는 기분에 서둘러 산책을 마치기도 한다.

내 생각에 잡아먹히기 전.

딱 그전까지만 걸어야겠다 생각하며 휴대폰을 열어 걸음 수를 체크한다.

이제 집으로 돌아가야지.

쨍한 파란 밤하늘 속에서
덥고 예쁜 여름이 지나가고 있다.

2023년 8월 9일 수요일   산책 155일 차

총 걸음 10,669보

총 거리 7.2km

태풍 카눈이 북상 중이라는 재난 문자가 계속 온다.
테라스가 있는 식덕 친구들은
하루 종일 식물을 실내로 옮기느라 바쁘다.

태풍이 서울에 도착하는 내일은 걷기 힘들 것 같아,
저녁을 일찍 먹고 서둘러 산책을 나갔다.

사람을 홀리는 하늘이란, 이런 것이구나.

어두운 주황빛이 짙은 파랑을 거쳐 음울한 회색빛으로 변해 가는 구름층이 제멋대로 흩뿌려져 있는데, 나도 모르게 서쪽으로 서쪽으로 걸어가게 된다. 미국 드라마나 영화 같은 데 나오는, 폭풍을 쫓아다니는 스톰체이서들의 마음이 이런 걸까.

조금씩 어두워지는 하늘이 아쉽다.
사람을 홀리는 마법이 풀리자, 바람이 조금씩 거세진다.

그제야 계속 하늘을 보고 걷느라 뻣뻣해진 목덜미에서 '이제 그만'이라는 외침이 들려온다.

발걸음이 빨라진다.
어서 집으로 돌아가야지.

2023년 8월 11일 금요일   산책 157일 차

총 걸음 9,490보

총 거리 6.2km

오래전 함께 등산을 다녔던 선배와 오랜만에 통화를 하면서, 칭찬받고 싶은 마음에 요즘 매일 걷고 있다고 했는데, "이 더위에? 지금은 원래 걷던 사람들도 안 걸어!" 오히려 꾸중을 들어 마음이 좀 작아졌다. "저도 요즘은 낮에는 안 나가요…." 나도 모르게 말꼬리를 흐리고 말았다.

그런데 오늘은 낮에 나가도 될 것 같다.
태풍이 지나간 다음 날.
종일 부슬비가 내리긴 하지만, 선선한 바람이 불고 최고 기온이 25도밖에 되지 않는다. 우산을 써 봤자 소용없는 날씨라 모자를 눌러쓰고 공원으로 향한다.

비에 젖은 산책로가 예쁘다.
젖어 있는 우레탄 바닥도, 송골송골 빗물이 맺혀 있는 풀잎 하나하나도, 비에 젖어 옅은 붉은빛을 내는 나무 기둥과 그 나무 기둥을 타고 자라난 푸른 이끼마저도 모두 너무 예뻐, 지루할 틈이 없다.

요즘 식욕이 늘었다.
평소보다 많이 먹는 것 같다.

근육 돼지가 돼야지! 했더니 노랑이 말한다. '언니 그럼 걷기 그만해야 해요. 근육 키우는 사람들은 근육 빠진다고 유산소 안 하던데?' 응? 그럼 근육 돼지 발언은 취소할게. 보리 언니가 말한다. '세형은 지금 거의 산책 중독이야.'

그런가.
중독인 건가.

근데, 이렇게 예쁜 걸 어떻게 끊어요?

2023년 8월 13일 일요일

산책 159일 차
총 걸음 10,347보
총 거리 6.8km

다시 30도가 넘는 더위가 시작됐다. 낮에 식물들 물을 주는데 자꾸만 숨이 차서 컨디션이 안 좋은 줄 알았는데, 단체방에 올라온 덥다는 말에 깨닫는다. 아, 오늘 더운 거구나. 평생 더위를 별로 타 본 적이 없어서, 덥다는 이 느낌이 아직 어색하다.

다시 밤 산책으로 전환한다. 저녁을 일찍 먹고 청계천 쪽으로 향해, 이번엔 지난번보다 조금 더 동쪽으로 이동해 정릉천을 따라 북쪽으로 올라가 본다.

조금씩 지도를 확장해 가는 기분.

강아지풀, 바랭이, 개망초 같은 잡초들이 무성하게 피어 있다. 잘 꾸며진 정원 같은 느낌의 공원 조경도 좋지만, 사람 손을 타지 않고 제멋대로 자라 제멋대로 바람에 흔들리는 잡초들을 보고 있으면 어쩐지 자유로움이 느껴져 그 기분이 또 좋다. 이 땅의 주인은 인간이 아닌 너희들이구나.

서울처럼 땅값이 비싼 곳에도 이렇게 잡초들이 무성한 구역이 많다는 걸, 조금씩 지도를 확장해 가며 깨달아 가고 있는, 올해 여름이다.

2023년 8월 18일 금요일

산책 164일 차
총 걸음 10,768보
총 거리 7.3km

청계천을 걷다 피리 부는 할머니를 만났다.
해가 저문 깜깜한 강가에 앉아, 정말 피리를 불고 계셨다.

들려오는 음가로 보면 버스킹이나 뽐내기는 아닌 것 같고, 한창 연습 중이신 것 같다. 같은 곳에서 여러 번 틀려, 같은 음가를 여러 번 반복하신다. 3킬로쯤 갔다 턴을 해서 돌아오는 길에도 할머니는 여전히 같은 곡을 연습 중이시다.

삼십 대 초반쯤 교토에서 몇 개월 생활한 적이 있는데, 그때 가모가와 강가에서 마주치곤 했던 사람들이 떠올랐다. 바이올린 연습 중인 젊은이, 색소폰을 불고 있는 아저씨, 트럼펫 같은 것과 씨름하고 있는 할아버지까지 띄엄띄엄 혼자 악기 연습을 하고 있는 사람들을 종종 볼 수 있었다.

'쉘 위 댄스' 같은 영화에서 본 것처럼 일본은 정말 나이가 들어서도 혼자만의 취미 생활을 갖는 사람들이 많은가 보다 하는 생각을 했고, 집이 아닌 강가에서 연습을 한다는 것도 신기하게 느껴졌는데, 집이 좁고 다닥다닥 붙어 있는 일본의 주거 문화를 생각하면 아, 집에서 연습하는 건 힘들겠구나 싶었다.

그리고 십몇 년이 지나 청계천에서 만난 피리 부는 할머니.
아, 요즘은 우리나라도 그렇겠구나.
단독 주택이든 아파트든 저 피리 소리를, 사람들은 참지 않겠구나, 라는 생각이 들었다.

내가 어렸을 때는 이웃집에서 연주하는 피아노 소리나 리코더 소리 같은 게 낯설지 않았던 것 같은데, 최근엔 거의 들어 보질 못했다. 내 주변에도 피아노를 집에 소유하고 있는 사람들은 방음 설치가 된 작업실이 있거나, 헤드폰을 연결할 수 있는 디지털 피아노로 연주한다. 모두가 층간 소음에 굉장히 예민해져 있으니까. 내가 가해자로 지목받는 것에도, 내가 피해자가 되는 것에도 굉장히 예민해진 시대.

아직 90년대였던 내가 고등학생 때, 클럽 활동을 하나라도 해야 해서 어쩔 수 없이 나 또한 알토 리코더를 불었는데, 그때의 나는 집에서도 연습을 했던 것 같고, 층간 소음 항의를 받아 본 적도 없었던 것 같다. 그런데 요즘 아이들은 어디에서 악기 연습을 하고 있으려나. 입시를 위한 악기가 아니라면, 요즘 아이들은 이제 취미 생활로의 악기는 하지 않는 걸까.

강가에서 피리를 불고 있는 할머니를 나뿐 아니라 산책 나온 사람들이 모두 한 번씩 돌아본다. 나만 생소하게 느끼고 있는 건 아닌가 보다.

할머니는 강가에 또 나오시려나.
할머니의 늘어 가는 피리 실력을 지켜보는 것도 꽤 재밌을 것 같은데 말이다.

2023년 8월 20일 일요일   산책 166일 차

총 걸음 10,710보

총 거리 5.9km

성동구, 중구, 동대문구를 넘나들며 산책을 하다 보니, 조경에 힘을 주는 부분이 구마다 조금씩 다르다는 걸 느끼곤 하는데, 동대문구에서 관리하는 성북천 쪽은 장미에 관심이 많은 모양이다. 성북천을 따라 길게 조성돼 있는 장미 정원. 2차 개화를 시작한 장미들 덕에, 시든 장미와 새로 피어난 장미들이 뒤엉켜 있어 그 모습이 또 괴이한 듯 아름답다.

그런데 오늘 나는 장미보다 그 위쪽으로 담을 타고 피어 있는 능소화에 더 마음을 뺏긴다. 깜깜한 밤 가로등 빛을 받아 옅은 주황에서 붉은 핏빛으로 번져 가는 그 빛깔에 홀려 한참을 바라본다.

오래전 어디선가 읽은 능소화에 대한 전설이 떠오른다. 임금의 총애를 받던 궁녀 소화가 임금의 관심이 시든 후 그를 그리워하며 시름시름 앓다 죽었는데, 그녀가 죽은 후 그녀의 처소 담장에 진한 주황색 꽃이 피어, 사람들이 그 꽃을 소화의 넋이라 여기고 능소화라 불렀다는 전설.

양반집에서만 키울 수 있는 귀한 꽃이라 양반꽃이라고도 불리고, 과거 급제한 사람의 모자에 꽂는 꽃이라 어사화라고도 불린다 하는데, 나는 역시 카더라 뜬 소문이 만들어낸 전설이라 해도, 궁녀 소화의 이야기에 더 마음을 뺏긴다. 가만히 계속 바라보고 있으니, 내 뒤에 소복 입은 귀신이 서 있단 한들 이상할 게 없을 것 같은, 과연 사람을 혹하게 하는 빛깔이다. 그러니 또 많은 문학 작품에 이 꽃이 등장했던 모양이다.

그동안 책에서만 보던 여름꽃들을
실제 내 눈에 담는 시간들이 즐겁다.

2023년 8월 27일 일요일

산책 173일 차

총 걸음 9,452보

총 거리 6.3km

엄마가 동그랑땡 소를 잔뜩 만들어 주셨다.
먹다 먹다 지쳐, 오늘은 깻잎전과 고추전을 해 먹어 볼까 생각했는데, 요즘은 풋고추를 구하는 게 쉽지 않다. 너무 매워 나는 먹을 수 없는 청양고추, 아니면 밍밍한 오이고추뿐이다. 우리 집 앞 단골 야채 가게 아주머니도 고개를 절레절레 저으신다.

"요즘은 그래. 아주 매운 것만 찾아 사람들이. 아니면 오이고추지 뭐."

산책길 돌아오는 동안 이곳저곳 마트를 기웃거려 봐도 똑같았다. 그렇게 집에 오는 길, 먹거리 할머니의 노점을 지나치는데, 응?

몇 걸음을 되돌아간다.
처음으로 할머니에게 말을 걸어 본다.
"이거, 풋고추인가요?"

그리고 또, 처음으로 들어 보는 할머니의 목소리.
"그건 매워. 옆의 거가 안 매운 거. 맛있어."

내 눈에는 똑같아 보이는데, 할머니는 빨간 플라스틱 바구니에 가득 담겨 있던, 안 맵고 맛있다는 고추를 전부 검은 비닐봉지에 담아 주신다. 너무 많다. 내겐 너무 많다. 하지만,

"2천 원."

흥정을 할 수 없는 가격이다.

할머니가 담아 주신 그대로 검은 봉지를 달랑거리며 집으로 돌아오는 길. 깻잎전은 포기해야겠네. 고추전이나 잔뜩 부쳐 보리 언니네도 가져다주고 뾰족이네도 가져다줘야겠다 생각하다, 뒤늦게 찾아온 낯설고 어색한 감정에 정신이 번뜩 든다.

나 조금 전에, 할머니랑 말한 거야?

늘 밖에서 지켜보기만 했던 매트릭스 속에,
잠깐 들어갔다 나온 것 같은 기분이다.

2023년 8월 29일 화요일

산책 175일 차
총 걸음 10,724보
총 거리 6.9km

책을 읽다 산책을 나오면,
아무래도 그 책 속을 계속 거닐게 된다.

'나는 앞으로 몇 번의 보름달을 볼 수 있을까' 류이치 사카모토의 마지막 에세이를 읽고 있다. 이렇게 나이 많은 남자 아티스트의 글에 허세가 조금도 보이지 않는다는 것이 처음엔 약간 신기하다 생각했는데, 이렇게 살았으니 허세가 필요 없는 것인가, 싶기도 하다. 그냥 있는 그대로의 사실만 써도 웬만한 사람들은 따라갈 수 없는 저 높은 어딘가까지 올라가신 분이니, 그럴 수도 있겠다 싶다.

그런데 문득 이런 생각도 든다. 사카모토처럼 유명한 뮤지션도 누군가에겐 아무도 아니겠지?

오래전 일본에서 어학원에 다닐 때 나보다 열 살쯤 어린 친구들과 함께 '미스터 도넛'에 간 적이 있다. 내가 '올드 패션드'를 집어 들자, 옆에 있던 동생이 물었다.

- 언니 왜 아무것도 없는 이런 밋밋한 걸 먹어? 더 맛있는 거 먹지.
- 그냥 궁금했어. 하루키가 올드 패션드만 먹는다고 해서.
- 하루키가 뭐야?

그땐 하루키의 '노르웨이의 숲'이 '상실의 시대'로 제목을 바꿔 재출간되어 한국에서도 엄청나게 사랑을 받아 휴대폰 광고에도 나온 후였고, 하루키 책이라면 번역돼 출간되는 족족 베스트셀러 1위를 기록할 때였기에, 나는 전혀 생각지 못했다. 아마 그땐 나도 어렸을 때라, '하루키가 누구야'도 아닌, '하루키가 뭐야'라는 질문을 받게 될 줄은 예상치 못했던 것 같다. 나는 그때, '나는 하루키를 그다지 좋아하지 않아요'라는 말조차도 용기가 있어야 할 수 있는 세상 속에서 살고 있었으니까.

'하루키가 뭐야?'라는 동생의 질문은 그 후 오랫동안 내 머릿속의 화두였다. 내가 보는 세상, 내가 아는 세상이, 세상의 전부가 아니라는 것. 내 세상에 갇혀 멋대로 판단하고 재단해선 안 된다는 것을 늘 생각하고 또 생각하게 했다.

2020년 기준 19세 인구는 55만 명. 그중 수능에 응시한 고3 학생은 34만 명. 21만 명은 수능을 보지 않았다. 나는 19세가 되면 거의 대부분의 사람들이 수능을 보는 세상에서 살아왔다. 수능 때가 되면 어디서나 볼 수 있는, '수험생 여러분들 힘내세요'라는 문구, 각종 수험생 관련 이벤트들이, 수능이 아닌 다른 과정으로 어른이 되어 가는 아이들을 외롭게 만든다는 얘기를 들은 적이 있다. 하지간 21만 명은 소수가 아니다. 거의 40%에 육박하는 수치다.

요즘은 다 그래.
이걸 왜 몰라? 다른 사람들은 다 알아.
객관적으로 그게 말이 된다고 생각하니?
누가 봐도 이건 아니지.

그런 오만이 혹시라도 내 안에서 튀어나올까 두려워질 때면 내가 늘 떠올리는 이야기다. '하루키가 뭐야?'라는 질문과 19세 수능 응시 비율.

사카모토처럼 전 세계를 무대로 활동해 온 뮤지션도 누군가에겐 아무도 아닐 것이다. 이름 한 번 들어 본 적 없는 그냥 아무개 씨일 뿐일 것이다. 하루키가 그러한 것처럼.

그리고 우리는 사실 모두 그렇다.

내가 작가든, 뮤지션이든, 유명한 셀럽이든, 직장인이든, 자영업자든, 주부든, 그냥 학생이든 무직이든, 돈이 아주 많은 사람이든, 돈이 아주 없는 사람이든, 다 똑같다.

누군가에게 특별한 사람, 대단한 사람일 수도 있지만, 누군가에겐 또 아무도 아니다.

내 안의 불안이 올라올 때, 떠올리는 말이다.

나는 또 아무도 아니기에, 다른 이에게 찾아올 행복이 나에게 찾아온다 한들 이상할 게 없고, 다른 이에게 닥친 불행이 나에게 닥친다 해도 또 너무 억울해만 할 일은 아니라는 사실이, 가끔은 내게 묘한 위로가 되어 준다.

생각이 길어져, 또 금세 만 보가 넘었다.
집에서 나를 기다리고 있는 책이 있으니,
어서 또 돌아가야지.

가 을

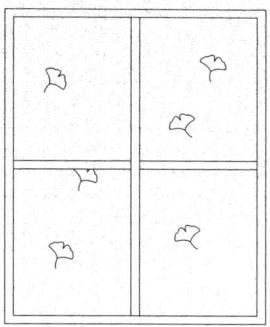

이 길이 보고 싶어

오늘 꼭 산책을 하고 싶었던 모양이다.

참 예쁘고 짧은 계절.

한바탕 비가 오고 나면,

이 노란 길도 어느새 사라져 버리겠구나.

2023년 9월 1일 금요일   산책 178일 차
                                총 걸음 16,775보
                                총 거리 11.3km

에취.
일어나자마자 재채기를 한다.

신기한 일이다.
달력은 인간의 편의를 위해 만들어 놓은 숫자일 뿐인데, 특히 양력은 절기를 정확히 표현하지 못하는데도, 9월의 첫날 눈을 뜨자마자 바로 재채기를 한다.

일교차가 심해졌고, 건조해졌다. 비염이 시작됐다.
하루 종일 훌쩍이면서도 하늘을 바라보는 것이 즐겁다.

경사가 심한 오르막이라 그쪽으로는 잘 가지 않는 길에 꽃이 피어 있다. 홀린 듯 그곳으로 발길이 향한다.

배롱나무의 진분홍 목백일홍이 만개했고, 배롱나무 아래쪽으론 산오이풀의 솜털 같은 연분홍 꽃들과 대롱대롱 작고 하얀 계요등꽃, 고추꽃들이 흔들거린다. 높고 파란 하늘과

잘 어울리는 풍경이라 오르막을 오르는 내내 즐겁다.

산책을 시작하기 전의 나는,
이 오르막을 한 번에 오르지 못했다.

산책 6개월 차.
당연히 드라마틱한 변화는 일어나지 않았다. 이 정도의 시간과 노력으로 드라마틱한 변화가 일어날 리 없다.

그래도 오늘, 이 오르막에서 그다지 숨차하지 않는 나를 깨닫고 조금 뿌듯해했다. 그런 소소한 순간들은 있었다. 조금 멀리서 횡단보도의 초록불이 켜짐을 깨달았을 때, 나는 이제 뛴다. 예전엔 생각도 못 했던 일이다. 그 조금 뛰고 나서도 숨을 헐떡이며 잠깐 서 있어야 했던 너가 이제 아무 일도 없었던 척(아직 '척'이긴 하다) 끊김 동작 없이 자연스럽게 걷는 동작으로 연결해 앞으로 나간다. 그리고 스스로 되게 뿌듯해한다. 체온도 조금 올라간 것인지, 나는 더위를 조금 타게 됐고, 모기가 1회 나를 물어 주었다. 약을 바르며 생각했다.

오, 그래도 나 좀 건강해졌나 봐?
내 피도 이제 좀 먹을 만하니?

산책 6개월 차 프로산책러인 나는,
아직 이런 소소한 뿌듯함만을 챙기며 산책을 이어 간다.

어차피 드라마틱한 변화를 기대해 시작한 산책도 아니었고, 삶은 원래 이런 소소한 뿌듯함, 작은 기쁨, 하찮은 즐거움들로 이어 가야 하는 거니까.

겨울의 끝자락에 시작됐던 산책이
봄, 여름을 지나 가을까지 왔다.

마트에는 빨간 사과가 나왔다. 아직 햇사과이긴 하지만 반가워 집어 든다. 바람이 적당하고 날씨도 적당하니 어딜 가나 사람이 많다. 좋은 계절이다.

좋은 만큼
아주 짧게 또 훅 지나가 버릴 가을이 시작되고 있다.
가을에도 많이 걸어야지.

2023년 9월 5일 화요일   산책 182일 차

총 걸음 9,592보

총 거리 6.3km

벤치에 한 아저씨가 누워 있다.
똑바로 누워 두 손을 가슴에 모으고, 아주 제대로인 정자세로 낮잠을 주무시고 계신다. 아저씨의 맨발이 눈에 들어온다. 그리고 벤치 아래 가지런히 놓여 있는 아저씨의 신발.

산책을 하다 보면, 맨발인 사람들과 종종 마주친다.
서울숲 작은 개울에 발을 담갔다 말리느라 개울가 돌 위로 맨발을 올리고 있는 사람들. 분수 마당에서 맨발로 뛰노는 아이들도 여름 풍경 중 하나였다. 공원에서도 청계천에서도 맨발로 흙길을 걷고 있는 분들과 종종 마주친다. 어느 아파트 단지 뒤쪽에 있는 작은 공원에는 황톳길이 있다. 채 5미터도 되지 않을 것 같은 짧은 길인데도, 신발장과 발을 닦는 수도까지 갖춰져 있어, 맨발로 붉은 흙길을 걷는 분들이 꽤 많다.

인간에게 신발이란 무엇일까.
인간에게 신발을 벗는다는 건 어떤 의미이기에, 바깥세상

에서 맨발인 사람들을 만나면 이렇게 눈이 가는 걸까.

가장 안전하다고 생각되는 집으로 돌아와 신발을 벗는다. 적어도 나는 그렇다. 사회생활, 인간관계, 타인의 시선을 위해 썼던 탈을 벗을 때 함께 신발을 벗는다. 내 집이 아닌 경우, 탈을 쓰지 않고 만나도 되는 안전하고 편안한 사람과 함께가 아니라면, 신발을 벗고 있는 것이 신고 있을 때보다 더 불편하다. 어서 다시 신발을 신고 집으로 돌아가, 혼자만의 시간에서 신발을 벗고 싶다.

층간 소음에 예민한 아래층 사람들을 위해 집 안에서도 슬리퍼를 신는 사람들을 떠올린다. 세상과의 관계를 스스로 끊어 내고 마지막을 선택한 사람들이 벗어 놓은 신발을 떠올린다. 노부부의 삶을 다룬 영화 '어웨이 프롬 허'에서 아내가 교수였던 남편에게 했던 말도 떠오른다. 여름날의 강의실. 슬리퍼 안에서 움직이는 젊은 여자들의 맨발이 카메라에 담긴다. 그 젊음의 유혹을 모두 견디고 여전히 내 곁에 있어 준 남편에게 아내는 고마웠다는 말을 한다.

맨발이 된다는 건, 누군가에게 나의 가장 내밀한 모습을 보여 주는 것인 동시에, 모든 관계에서 벗어나 나를 가장 편안하고 자유롭게 만드는 행위이기도 한 걸까.

공원을 한 바퀴 돌고, 다시 맨발로 낮잠을 자고 있는 아저씨를 만난다. 그 자유로움이 조금 부럽기도 하지만, 역시 나에겐 힘든 일임을 깨닫는다.

집으로 돌아갈 시간이다.
나는 오늘도, 집으로 돌아가 신발을 벗는다

2023년 9월 6일 수요일   산책 183일 차
                                총 걸음 12,780보
                                총 거리 8.2km

동네 한 슈퍼마켓 앞 모퉁이 바닥에 수도계량기를 보호하는 플라스틱 연파랑 뚜껑이 나란히 두 개가 있는데, 그 뚜껑과 아스팔트 사이, 그 좁은 흙 위에서 맨드라미가 올라와 꽃을 피웠다. 그것도 두 개의 뚜껑에 각각 하나씩 두 개의 맨드라미가 나란히 하늘거린다.

이런 틈새 흙에 잡초들이 피어나는 건 꽤 봤지만, 이렇게 제대로인 맨드라미가 자리 잡고 있는 건 처음 보는 듯해 한참을 바라봤다. 일부러 심은 걸까, 아니면 어디서 맨드라미 씨앗이 날아온 걸까.

구시가지 골목길의 조경은 늘 흥미롭다. 몇십 년쯤 된 것 같은 낡은 간판의 순댓국집 앞에 놓여 있는 커다란 분꽃 화분 두 개. 경사진 오르막길 어느 낡은 처마 밑에 주렁주렁 노랗게 매달려 있는 엔젤트럼펫. 어렸을 때 봤던 호박꽃과 수세미 열매를 서울 한복판에서 만나는 것도 흥미롭다. 오래된 가게 앞에 빽빽이 놓여 있는 꽃 화분들에도, 어느 미

용실 안을 가득 메운 녹색 식물들에도 늘 반갑게 인사하며 지나친다.

코로나 시기, 식물값이 천정부지로 치솟을 때가 있었다. 특히 희귀 식물이라 불리는 알보 몬스테라나 안스리움 등은 '이 가격을 주고 사람들이 식물을 산다고?' 식덕인 나조차도 엄두가 나지 않는 가격으로 거래되곤 했다. 코로나가 오기도 훨씬 전, 식덕 친구들을 따라 어느 농장에 갔다가 손가락 두 마디쯤 되는 잎이 세 장 달려 있는 우묘 알보를 5만 원에 샀다. 그때도 비싸다고 생각했다. 살까 말까 한참을 망설였다. 너무 사치한 것 같은데, 집으로 돌아오는 길 조금 죄책감이 들었던 것 같기도 하다. 그랬던 알보가 코로나 시기 잎 한 장에 50만 원, 탑 삽수의 경우 100만 원도 넘게 거래되는 걸 지켜보고 있자니, 기분이 묘했다. '식테크'라는 말이 나오고, 유튜브에선 식테크로 몇억을 벌었다는 사람이 등장해 강의를 하고, 몇백만 원짜리 식물을 사러 지방에서도 사람들이 올라왔다. 나도 식물을 좋아하는 사람이긴 하지만, 그 욕망들을 지켜보고 있자니 좀 두렵기도 했다. 남들이 갖지 못한 희귀 식물에 대한 욕망, 또 그 희귀 식물을 통해 부자가 되고 싶다는 욕망. 코로나가 끝나고 식물값은 끝없이 추락했다. 식물 시장에 들어왔다 나간 그 수많은 욕망과 돈들은 또 어디로 흘러갔을까.

그런 시대가 있었는지도 모를 골목길 식물들과 눈을 맞추며 집으로 돌아온다. 코로나 전에도, 후에도, 늘 이 자리에 있었을 것 같은 오래된 화분들, 오래된 나무들과 인사를 하며 집으로 돌아온다.

스케줄표를 열어, 오늘 물 줄 아이들의 목록을 체크한다. 10년도 전에 다이소에서 천 원 주고 산 산세비에리아가 아직도 우리 집에 있다. 수많은 식물들이 우리 집에 왔다 또 어느새 사라졌지만, 흔둥이라 불리면서도 아직까지 살아남아 내 곁에 있는, 우리 집에서 아마 가장 오래된 식물인 것 같다.

오늘 목록에 있는 산세비에리아를 꺼내 와
유난히 정성스럽게 물을 주고 이파리를 닦는다.
힘내. 앞으로도 잘해 보자.

2023년 9월 7일 목요일					산책 184일 차

총 걸음 11,552보

총 거리 7.4km

낮에는 주로 큰 공원에서 걸을 만큼 걸은 다음,
내가 좋아하는 조금 작은 공원으로 발길을 옮긴다.

뱅글뱅글 데크를 통해 조금 낮은 산을 올라야 하는 작은 공원은 큰 공원보다 한적한데, 대신 강아지와 산책하는 사람들이 선호하는 장소인가 보다. 띄엄띄엄 산책 나온 강아지들을 만나곤 한다.

맹하게 생긴 작은 강아지가 자꾸 나를 흘깃거리더니 슬금슬금 내 쪽으로 다가온다. 어렵게 용기 내 다가오는 듯하여 나답지 않게 손을 내밀어 주었는데, 흠칫 놀라 뒤로 물러난다. 주인분이 쑥스럽게 웃으며 말한다. "애가 겁이 많아요. 호기심은 많은데, 겁도 많아서…." 그렇게 물러섰으면서도 다시 용기 내 나에게 다가온다. 짠! 내가 손을 내밀면 강아지는 또 흠칫 놀라 물러나는 놀이를 몇 번 반복한다. 그 사이 주인분도 '애가 겁이 많아요'라는 말을 몇 번이나 반복한다. 낯을 가리고 소심하지만, 그래도 타인에게 따뜻한 눈빛을 띠고 있는 주인분이 어쩐지 이 강아지와 닮은 것도 같다.

산책길에 만나는 사람과 강아지 조합을 구경하고 있자면, 그들이 서로 닮았다는 생각이 들 때가 있다. 천진한 강아지와 활달한 발걸음의 아가씨. 겁 많은 강아지와 소심한 청년. 용맹한 강아지와 우직한 표정의 아저씨. 느릿한 강아지와 함께 걷고 있는 할아버지. 앙칼지게 짖고 있는 강아지와 씨름하고 있는 아주머니. 사교적인 강아지들과 사교적인 사람들이 서로 친교를 나누는 사이, 멀리서 그들을 바라보고만 있는 내성적인 강아지와 주인까지. 그러고 보면 강아지와 사람의 인연이라는 것도 참 신비롭다.

작은 공원 한쪽엔 맥문동밭이 있는데, 여름 내내 길쭉한 보라색 꽃을 구경하는 재미가 있었건만, 어느새 꽃이 절반 이상 사라졌다.

여름에서 가을로 넘어가는 사이,
공원의 색도 변하고 있다.

2023년 9월 10일 일요일   산책 187일 차

총 걸음 5,937보

총 거리 3.8km

어젯밤 늦게 자몽 언니가 왔다.
우리 집은 자몽 언니의 세컨 하우스다. 지방에 살고 있는 언니는 서울에 볼 일이 있을 때면 우리 집에 묵는다. 까탈스러운 나에게도 언니는, 언제 와도 반가운 몇 안 되는 사람 중 하나다.

아침 일찍 일어나 자몽 언니와 수다를 떤다.
수다를 떤다고는 하지만, 나는 언니의 이야기를 듣는 걸 좋아한다. 언니는 전기수의 기질을 타고났다. 구슨 이야기든 언니 입에서 흘러나오면 다 재밌다. 나는 보다 만 드라마도 언니표 줄거리로 요약해 주면 그렇게 재밌을 수가 없다. 며칠 전 나는 2화까지 보다 포기한 드라마의 줄거리를 언니에게 듣는다. 이야기가 끝나자 언니가 말했다. "어머! 나 진짜 요약 잘하는 거 같아!" 그러곤 언니 스스로 빵 터졌다. 나도 빵 터졌다.

나는 사실 MBTI를 그다지 신봉하는 편은 아니지만, 그래도 혈액형별 성격보단 흥미롭게 바라보고 있어, 누군가 MBTI 관련 글귀나 사진을 보내 주면 함께 보고 깔깔거리긴 한다. 그런데 어느 날 노랑이 보내 준 글귀에 처음엔 깔깔거리다 이내 생각이 많아졌다.

내향인이 새로운 친구 사귀는 법

용기 내서 먼저 말 걸기 (×)
이거 같이 먹을래? (×)
너도 그 아이돌 좋아해…? (×)
외향인들에게 간택당하기 (○)

지난 나의 인간관계를 돌아보게 했다. 정말 그랬나? 정말 다 그랬는지는 확언할 수 없지만, 자몽 언니와의 관계는 정말 그랬던 것 같다. 나는 간택당했다.

대학 생활에 필요한 거의 모든 것들, 동아리 활동에 관련된 것, 인간관계, 연애 문제, 심지어 성교육까지도 모두 이 언니에게 배웠다고 해도 과언이 아닐 정도로 언니는 늘 나를 잘 챙겨 주었고, 나와 놀아 주었다. 놀아 주었다는 표현이 딱 맞을 것이다. 밝고 긍정적이며 화통한데 심지어 몹시 착한 언니는 말 그대로 인싸 중에 인싸여서, 내가 아니어도 언니에겐 함께 놀 친구가 차고도 넘쳤을 텐데 자몽 언니와 자몽 언니의 베프인 올리브 언니는 늘 나를 데리고 다니며 나와 놀아 주었다. 이 매력적인 언니들을 나는 몹시 좋아하지만, 언니들이 이리 구석지고 예민한 나를 왜 좋아하는지, 나를 왜 간택했는지는 나도 잘 모르겠다. 하지만 감사하게도 나는 간택당했고, 두 언니 덕에 '나 홀로'가 아닌 꽤 재밌는 대학 생활을 했으며, 그 후로 20년 넘게 언니들의 재밌는 이야기를 여전히 듣고 있다.

이십 대 시절의 친구들이 변해 가는 모습을 지켜봐 왔다. 더 이상 청년이 아닌 기성세대로 자리 옮김을 하는 동안 더 좋은 사람이 되어 가는 친구들도 물론 있었지만, 그렇지 않은 친구들도 많았다. 이해할 수 있는 부분도 있다. 나이를 먹어 갈수록, 지위가 올라갈수록, 경제적으로 여유로워질수록 모든 것이 점점 쉬워진다. 합리화도, 크고 작은 불의를 모른 척하는 것도, 나보다 어린 사람들을 수이 대하는 것도, 나보다 약해 보이는 사람들에게 무례해지는 것도.

스스로를 '돼지테리언'이라 부르는 언니와 삼겹살을 먹으러 갔다. 삼겹살을 시켰는데, 여러 고기가 함께 있는 세트 메뉴가 나왔다. 물론 더 비싼 메뉴였다. "저희 삼겹살 시켰는데요." 어린 종업원이 잠시 당황하는 것 같더니, 아무 말 없이 고기를 들고 사라진다. 언니와 내가 동시에 말한다. "그냥 먹을까?" 초벌구이가 되어 나오는 집이라, 아무래도 신경이 쓰였다. 벨을 눌러 종업원을 다시 불렀다. "아까 그거, 저희 테이블로 나온 게 맞으면 그냥 주세요. 저희가 먹을게요." 종업원은 또 잠시 우물쭈물하다가 사라진다. 고기가 다시 나오기 전, 언니가 말한다. "혼날까 봐. 아직 어려 보이는데…."

나도 모르게 조금 웃었다. 오래전 언니가 나를 간택해 준 것도, 그런 언니가 여전히 나와 같은 시선으로 세상을 바라보고 있는 것도 고마워서.

많이 먹고 좀 걷자.
저녁엔 또 감자탕 먹어야 하잖아.

2023년 9월 14일 목요일　　　산책 191일 차

총 걸음 9,975보

총 거리 5.3km

인두에 암이 생기고 가장 곤란해진 것은 식사였습니다. 방사선 치료 때문에 목구멍뿐 아니라 입안 전체가 짓물러 침을 삼키는 것조차 괴로웠습니다. 특히 산미가 있는 음식은 격한 통증을 동반했죠. 제가 무척 좋아하는 바나나에도 산미가 있다는 사실을 통증과 함께 알게 되었고, 그래도 무언가를 입에 넣어 영양을 섭취하긴 해야 해서 한동안은 어찌할 바를 몰랐습니다. (…) 여러 가지를 시도해 본 결과 가장 좋았던 것은 수박이었습니다. 채소에 가깝기 때문인지 과일치고 드물게 산미가 없더군요. 그 사실을 꺼달은 날부터 마치 예전에 배우 가와시마 나오미 씨가 "내 몸은 와인으로 이뤄져 있다"고 말했던 것처럼 "내 몸은 수박으로 이뤄져 있다"고 말하는 양 수박만 먹었습니다.*

사카모토의 책을 보다, 이 단락에서 한참 동안 멈춰 있었다.

* 나는 앞으로 몇 번의 보름달을 볼 수 있을까_류이치 사카모토,
  황국영 번역_위즈덤 하우스(2023)

2013년 베체트가 본격적으로 발병했을 때, 그땐 내가 무슨 병인지도 모르고 약도 없어서 그냥 참는 수밖에 없었다. 그때 얘기가 나올 때면 뾰족이가 늘 하는 말이 있다. "수박 없었으면 세형인 굶어 죽었을 거야."

입이 헐면 매운 것을 못 먹는다는 것을 이해하는 사람은 많아도, 신 것을 못 먹는다는 것을 이해해 주는 사람은 별로 없었다. 수박은 너무 영양가가 없지 않냐고 부드러운 바나나라도 먹어 보라는 사람도 많았다. 바나나에도 신맛이 있다는 걸 먼저 말해 준 사람은 사카모토가 처음이다.

우리 동네엔 과일 가게가 꽤 많다.
야채와 과일을 같이 파는 가게뿐 아니라,
과일만 전문으로 파는 가게도 여럿 있다.

과일과 야채가 색색이 쌓여 있는 모습은 늘 예쁘고, 우리 집 냉장고엔(다른 먹을 것은 없을지라도) 언제나 두 가지 이상의 과일이 있을 만큼 나는 과일을 좋아하는 사람이라, 과일 가게 앞에선 늘 걸음이 늦춰진다. 그런데 어느 여름날, 과일 가게를 지나치며 깨달았다.

아, 이 계절엔 내가 못 먹는 과일만 가득하구나.

복숭아는 알레르기가 있어 못 먹고, 자두, 살구, 키위 등은 신맛이 너무 강하고, 체리는 입안에서 씨를 발라내는 것이 고역이고, 결국 남는 것은 수박인가. 그래도 수박을 좋아해서 다행이다.

베체트가 발병하기 전에도 나는 입이 종종 허는 아이였기에 혹 그래서 나는 더 수박을 좋아하게 되었나, 잠깐 의문을 품어 보았지만, 그래도 아직 계속 맛있으니 됐다, 라고 생각했다.

오늘 냉장고를 열었더니 딱 한 번 먹을 분량의 수박이 남았다. 오늘 저녁 메뉴는 비빔국수와 수박으로 정했다. 나는 혼자 식사할 때 반찬으로 과일을 먹는 경우가 종종 있다.

올해 마지막 수박이려나.
저녁 먹고 산책길에 과일 가게들을 유심히 봐야겠다.
가을엔 어떤 과일 반찬을 먹을 수 있으려나.

2023년 9월 18일 월요일   산책 195일 차
                         총 걸음 12,598보
                         총 거리 8.2km

큰 공원으로 가는 길엔 횡단보도를 한 번 건너야 하는데, 내가 횡단보도를 건너는 동안 저 앞에서 갓난아이를 안고 있는 어떤 부부가 웃고 있다. 아이의 부모라 하기엔 나이가 많으시고, 할머니 할아버지라 불리기엔 아직 젊어 보이신다.

내가 횡단보도를 거의 다 건넜을 무렵,
내 뒤에서 뛰어오던 한 젊은 여자가 나를 앞질러 그들 앞에 도착해, 세 사람을 동시에 꽉 껴안는다.

"내 사랑들!"

부부의 얼굴에 머물러 있던 미소가 한층 더 커진다.
아이도 순둥이인지 방긋방긋 웃고 있다.

오르막을 올라 공원에 도착한다.
오솔길로 접어들어 검은 얼룩 고양이와 인사를 나누고
이내 화단 쪽으로 발길을 옮긴다.

화단 앞 벤치에 할머니 한 분이 앉아 계신다. 은발에 구부정한 어깨지만, 단정하게 차려입으신 모습이다. 그런 할머니의 모습을 사진으로 담고 있는 중년 여성이 보인다. 얼핏 봐선 여성은 아직 흑발인 듯싶지만, 염색할 때가 지났는지 정수리 쪽으로 하얗게 내려앉아 있는 세월.

함께 늙어 가는 엄마와 딸. 부모와 자식을 바타보는 마음이 몇 해 전과는 달라져 있는 나를 느낀다.

구름이 조금씩 걷히며 어느덧 높고 청명한 가을 하늘이 나타났다. 화단에는 이제 노랑 코스모스가 하늘거리고 있다. 연보라 맥문동밭은 어느새 그저 푸른빛만 낡은 풀밭이 되었다.

시간이, 흐르고 있다.

2023년 9월 19일 화요일   산책 196일 차

총 걸음 10,549보

총 거리 6.7km

'My Perfect Girl!'

나를 그렇게 부르는 아빠가 갑자기 돌아가셨다. 고등학생인 주인공 소녀는 학교 오케스트라에서 하프를 맡고 있는데, 소녀의 공연 날 객석에 있던 아빠가 갑자기 심장마비로 돌아가셨다. 요즘 내가 보고 있는 '네버 해브 아이 에버 Never Have I Ever'라는 미국 드라마의 시작이다.

소녀는 마음이 힘들 때마다, 휴대폰 음성 메시지에 남아 있는 아빠의 목소리를 듣는다. 소녀를 데리러 온 아빠가 주차할 곳을 못 찾아 헤매고 있다며 소녀에게 메시지를 남기고 있는데, 마지막 멘트가 이것이었다.

'어, 저기 너 보인다. 잠깐만. 금방 갈게, My Perfect Girl!'

내가 좀 더 어렸을 때 이 드라마를 봤다면, 아마도 나는 별생각 없이 그 장면들을 지나쳤을 것이다. 미국 얘기잖아.

내가 아직 어렸을 땐, 딸바보라는 말 따윈 없었다. 대부분의 딸들이 무뚝뚝한 아버지, 가부장적인 아버지, 가족과 많은 시간을 보내기보단 밖에서 일하는 시간이 더 긴, 그런 아버지를 갖고 있던 시절이었다.

나의 아버지도 그랬다. 병약한 어린아이였던 나는 깨어 있는 시간보다 자는 시간이 더 많았던 건지, 아니면 미숙아로 태어나 뇌 발달이 늦었던 건지, 그것도 아니면 그저 기억하고 싶은 순간이 많지 않았던 건지, 나에겐 어린 시절의 기억이 거의 없다. 그리고 그 얼마 안 되는 어린 시절의 기억을 아무리 헤집어 봐도 아버지의 모습은 거의 보이지 않는다. 어른이 된 다음에도 아버지와 긴 대화를 나눠 본 적이 별로 없다. 물론 내가 말도 많고 애교도 많은 그런 딸이 아니었던 것도 맞지만, 아버지가 먼저 나에게 다정하게 말을 건네주셨던 기억 또한 없다. 다른 집들보다 특히 더 가부장적이고 꼬장꼬장한 아버지도 아니었지만, 그렇다고 또 세심하고 살가운 아버지도 아니었다. 내가 아직 이십 대였을 때, 빨강과 얘기를 나누다 아버지 얘기가 나왔는데, 그때 빨강이 깜짝 놀라며 이렇게 말했던 기억이 난다. "너 아버지 있었어?" 친구들과 무심코 나누는 일상의 수다 속에 엄마는 종종 등장해도 아빠는 한 번도 등장하지 않았기에, 아마도 빨강은 막연히 나에게 아버지가 없다고 생각했던 모양이다. 그만큼이나 나는, 아버지와 다정하지도 친하지도 않은 딸이었다.

아버지가 골수 이형성 증후군 진단을 받은 건 2016년, 아니면 2017년 무렵이었던 것 같다. 고령이라 이식 수술은 불가능해 완치도 어렵지만, 나이 덕에 진행도 더디니 고혈압이나 동맥 경화처럼 꾸준히 약을 먹고 치료를 받으며 함께 가지고 가는 병이라고 생각하면 된다, 라고 했었다. 그런데 더 이상 기존 약이 아버지에게 작동하지 않는다는 이야기를 들은 것이 2021년 여름. 임상에 참여해 보지 않겠냐는 제안을 받고, 아버지 어머니를 모시고 서울대병원으로 향했던 날이 아직도 기억난다.

진료실에 앉아 의사의 말을 한참 동안 듣고 있는데, 뭔가 결정적인 이야기가 빠져 있다는 기분이 가시지 않았다. 결국 부모님에게 잠깐 나가 계셔 달라고 말했다. 그렇게 의사와 단둘이 마주 앉아 이야기를 나누다, 나는 결국 이 질문을 내 입 밖으로 내뱉었다. 그래서 지금 임상에 참여하지 않으면, 얼마나 남았다는 거죠?

드라마나 영화를 너무 많이 봐서였을까. 시한부 판정 같은 건, 환자나 보호자가 물어보지 않아도 의사가 먼저 말해 주는 건 줄 알았다. 그래서 내가 그 질문을 던져도, 돌아오는 답이 이것은 아닐 거라고 생각했던 것 같다 그날 내가 들은 답은, 6개월이었다.

그 질문 이후에도 임상에 참여했을 때와 참여하지 않았을 때 발생할 수 있는 일들에 대한 보다 구체적인 질의응답을 한참이나 나누고 진료실 밖으로 나왔다. 나를 기다리고 계시던 부모님을 다시 내 차에 모시고 부모님 댁까지 운전해 가는 동안, 그냥 또 별 의미 없는 대화를 나눴다. "먼저 들어가 계세요. 나 잠깐 통화할 일이 있어서, 전화 좀 하고 들어갈게요." 두 분을 먼저 집 안으로 들여보내고, 다시 차를 몰고 동네 구석진 곳으로 가 정차를 했다. 창문을 조금 열고, 그제야 가빠 오는 숨을 내쉬며 나를 다독이고, 그 후에도 한참이나 멍하니 앉아 있었다. 생각을 하자, 생각을 해야 해. 지금은 생각을 해야 해. 거기까지 이르는 데도 꽤 긴 시간이 걸렸던 것 같다.

먼저 언니 오빠를 만났다. 이 사실을 엄마에게 말할 것인가, 아빠에게도 말할 것인가. 그렇다면 언제 어떻게 말할 것인가. 그때부터가 시작이었다. 그 후 6개월 동안 수없이 많은 가족회의가 열렸다. 임상에 참여할 것인가, 병원을 옮길 것인가, 입원을 할 것인가, 간병은 어떻게 할 것인가, 연명 치료를 할 것인가, 약은 어디까지 쓸 것인가. 그리고 어느새 겨울이 왔고, 해가 바뀌었다. 장지는 어떻게 할 것인가. 코로나 기간이었기에 임종은 어떻게 할 것인가. 식장은 어디에 마련할 것인가. 조문객들은 어디까지 어떻게 받을 것인가.

그 기간 내내, 나는 공부를 하고 가족들에게 사실을 전달했다. 선택할 수 있는 경우의 수를 제시하고, 다른 가족들의 이야기를 들으면서 이견을 조율하고 취합했다. 내가 그 역할만을 하는 동안, 그 역할밖에 할 수 없음을 깨달을 때마다, 내가 가장 많이 했던 생각은 딱 하나였다. 나는 아버지가 어떤 사람인지를 잘 모르는구나. 그래서 아버지를 위한 선택이 무엇인지를, 나는 정말 모르겠다는 생각.

그 기간 내내 그러했지만, 장례를 마치고 집으로 돌아와서도 나는 여전히 답을 몰랐다. 친하지 않았던 아버지와 이별하는 법. 그리고 사실, 아직까지도 잘 모르겠다.

그저, 예전보다 아버지를 생각하는 시간이 늘었다. 어떤 날엔 길을 걷다 문득 멈춰 선다. 이 길로 더 가면, 그 식당이 보일 것을 알기에 멈춰 선다. 아버지와 함께 갔던 식당. 어떤 날엔 불을 끄고 누워서도 한참을 뒤척인다. 아버지의 장례 이후 엄마와 매일 통화를 했다. 길게는 두 시간이 넘을 때도 있었고, 짧아도 30분 이상씩 매일 1년 가까이 통화를 했다. 그 이야기들이 마음에 남아 불을 끄고 누워서도 한참을 뒤척였다. 요즘도 엄마와는 거의 매일 통화를 하지만, 이젠 특별한 날이 아니면 일상적인 대화를 짧게 나누는 정도다. 그런데도 내 안에는 그 이야기들이 아직도 많이 남아 있는지, 아직도 한참을 뒤척이는 날들이 있다. 어떤 날엔 TV 드라마를 보다 더 이상 줄거리를 따라가지 못하는 나를 발견한다.

'My Perfect Girl!'

나는 단 한 번도 그런 말을 들어 보지 못했는데도, 더 이상 줄거리를 따라가지 못해 TV를 끄고, 이어폰을 귀에 꽂은 채 밤 산책을 나선다. 그런 말을 매일 듣고 자란 딸도, 그렇지 못한 딸도, 아버지와 이별하는 법은 잘 모르는구나. 이 이야기를 나는 언젠가 다 쓸 수 있을까. 어쩌면 나는 그런 나와 화해하고 싶어서, 그런 나를 이해하고 싶어서, 또 위로하고 싶어서, 걷기 시작했는지도 모르겠다. 그리고 쓰기, 시작했는지도 모르겠다. 그런데 여전히 나는 답을 못 찾고 있는 모양이다.

오늘도 머릿속에 맴도는 수많은 말들을 다시 커피잔에 넣어 받침 접시로 눌러놓은 다음, 잠을 청한다.

2023년 9월 22일 금요일 산책 199일 차

총 걸음 12,731보

총 거리 8.1km

꽃집 할머니의 꽃이 돌아왔다.
노점에도, 노점 맞은편 담벼락을 따라서도 줄줄이 놓여 있는 할머니의 작은 화분들.

할머니의 여전히 고집스러워 보이는 앙다문 입술이 반갑다. 그 옆에서 여전히 무언가를 다듬고 계시는 먹거리 할머니의 모습도 오늘따라 더 반갑다.

이제야 완성된 기분이다.
어딘가 허전했던 밤 산책의 도심 풍경이.

2023년 9월 23일 토요일

산책 200일 차
총 걸음 11,668보
총 거리 7.8km

달인가? 구름인가?

파란 가을 하늘 위로 손톱달 모양의 하얀 무언가가 떠 있다. 구름이 딱 저 모양으로 생긴 거라면 그것도 신기한 일이고, 그냥 낮에 뜬 달이라 해도, 반갑다.

한낮에 뜬 달을 좋아한다. 만화 '바닷마을 다이어리'의 주인공 소녀처럼 나도 어쩐지 횡재한 기분이 들기 때문이다. 낮에 뜬 달을 처음 봤다며 호들갑을 떠는 친구들에게, 달은 원래 낮에도 늘 떠 있는 거라며 주인공 소녀는 이렇게 말한다.

'보이지 않는 게 아니라, 보지 못한 것뿐이지. 안 그래?
난 낮에 뜬 달이 좋아.
밤이 아닌데도 보이다니, 어쩐지 횡재한 기분이랄까.'

소녀처럼 나도 한낮에 뜬 손톱달이 반가워 한참을 바라보다, 자연스레 손을 올려 내 손톱을 살펴본다.

손톱을 길러 본 적이 없다. 네일샵에 가 본 적이 없다. 스물세 살에 방송 작가 일을 시작했다. 짧은 시간 동안 많은 원고를 써야 했던 그 시절, 원고를 쓰다 키보드에 탁탁 손톱 부딪히는 소리가 들리기 시작하면, 한밤중이도 손톱을 깎았다. 그때마다 밤에 손톱을 깎으면 쥐가 몰래 먹고, 나와 똑같은 사람으로 둔갑한다는 전설이 떠올랐지만, 그건 다 페니실린이 발견되기 전 살짝 베여도 감염으로 사람이 죽을 수 있던 시절에 나온 이야기잖아, 라며 또 무념무상의 상태로 계속 손톱을 깎았다. 간혹 예쁘게 손톱을 치장하고 조금은 불편해 보이는 손동작으로 키보드를 치는 후배들을 볼 때면, 신기해하기도 했다. 나는 정말 불편해서 손톱을 깎는 것인가, 원고에서 잠깐 멀어지기 위해 손톱을 깎는 것인가, 스스로에게 물어보기도 했다. 방송 작가 일을 그만둔 이후에도 나는 늘 손톱을 바짝 깎았다. 여전히 손톱을 깎는 시간은 늘, 원고 작업이 한창인 밤 시간이었다.

산책을 하면서 매일 글을 쓰기 시작하기 전, 1년 반에서 2년 정도는 전혀 내 글을 쓰지 않았다. 집에서 할 수 있는 이런저런 다른 아르바이트를 할 때나 친구들과 채팅을 할 때 키보드를 사용하긴 했지만, 내 글을 쓸 때만큼 빠르게 그리고 오래 타자를 칠 일은 없었음에도, 나의 손톱은 늘 바짝 깎여 있었다.

글을 쓰지 않고 있는데도, 손톱을 깎고 있구나.
손톱을 깎을 때마다 그런 생각을 잠시 했던 것도 같다.

'보이지 않는 게 아니라, 보지 못한 것뿐이지. 안 그래?'

한낮에 뜬 달을 보며, 만화책 속 소녀가 했던 말이 머릿속을 맴돈다. 한낮에 뜬 달을 보며 계속 걷고 있다 보니, 내 안에 쌓인 말들이 또 자꾸 나에게 와 말을 건다.

쓰고 싶지 않다고 생각했던 그 기간에도 나는 사실 쓰고 싶었던 걸까. 집으로 돌아가 키보드 앞에 앉아, 바짝 깎인 손톱 밑에서 나올 오늘의 원고를 머릿속으로 매만지며, 그렇게 나는 또 걷고 있다.

2023년 9월 27일 수요일　　산책 204일 차

총 걸음 3,963보

총 거리 5.8km

어느 아파트 단지로 들어가는 낮은 울타리 조경수 위에 환한 미소의 미키 마우스가 수놓아져 있는 빨간색 아이 모자가 걸려 있다.

새거나 다름없는 너무 멀쩡한 모자가 걸려 있으니,
이런저런 추측들이 밀려온다.

바람에 날려 온 건가. 아이 머리라도 묶어 주려 잠깐 벗겨서 나무에 걸어 뒀다 까먹고 그냥 가신 건가. 혹 저 안에 모자를 벗어야만 들어갈 수 있는 토토로 세계 같은 거라도 있는 거 아냐?

괜히 조경수 안쪽을 기웃거려 본다. 그러다 문득, 헤밍웨이의 도시 전설 같은 여섯 단어 소설이 떠오른다. 친구들이 단어 여섯 개로 자신들을 울릴 만한 소설을 써 보라며 내기를 걸자, 헤밍웨이가 다음과 같이 썼다는 것이다.

'For sale. Baby shoes. Never worn. (팝니다. 아기 신발, 사용한 적 없음.)'

헤밍웨이가 쓴 것이 아니다. 원래 있던 말이다. 헤밍웨이가 워낙 단문을 잘 써서 생긴 소문이다 등 말이 많은 일화이긴 하지만, 나도 저 여섯 단어를 처음 봤을 때, '아….' 했던 기억이 난다.

어쩐지 좀 슬퍼지려 하니, 헤밍웨이의 여섯 단어 소설을 두고 토비 폭스가 했던 농담을 떠올린다. '아, 이건 정말 슬픈 얘기네요. 아이가 신발을 맘에 들어 하지 않았다니!'

그러네. '빨간색 싫어! 미키 마우스도 싫어! 엄마는 아직도 내가 애인 줄 알아?' 아이가 엄마 몰래 버리고 간 모자일 수도 있겠구나. 하긴 나도 그런 아이였지. 엄마는 나를 유랑 극단에 팔고 싶은 걸까. 엄마가 내게 입히려 했던 색색깔의 옷들을 보며 그런 생각을 했었다. 하지만 현재 나의 옷장은 친구들 표현에 의하면 스님 옷장. 회색, 검은색, 남색, 밝아 봤자 카키.

그래,
나라도 빨간색 미키 마우스 모자는 버리고 싶었을 거야.

2023년 9월 28일 목요일

산책 205일 차
총 걸음 1,973보
총 거리 1.3km

추석 전날.
온 가족이 모였다.

우리 집은 더 이상 차례를 지내지 않지만, 여전히 명절 음식은 준비하기에 명절 당일보단 전날이 더 소란스럽다. 늘 고요한 내 집에서 혼자 생활하다, 이렇게 북적북적한 가족 모임에 오면 늘 조금씩은 정신이 멍해진다. 언젠가 새언니가 나에게 이런 말을 한 적이 있다. "아가씨만 다른 집 사람 같아요." 나만 체구가 작고, 나만 목소리가 작고, 나만 말수도 많지 않아서일 것이다.

오늘도 여전히 소란스럽고 북적인다. 거기까진 그래도 괜찮았는데, 오랜만이라 이 분위기도 정답고 반갑다고도 생각했던 것 같은데, 나는 공황이 왔다.

숨이 점점 차오르고 있다는 것을 인지하곤, 서둘러 집 밖으로 나왔다.

"나 잠깐만. 나가서 바람 좀 쐬고 올게."

서둘러 아파트 단지를 벗어나 한적한 골목길에 이르렀을 때, 그제야 숨이 턱까지 차올랐다는 것이 느껴졌다. 그대로 길에 쭈그리고 앉아 가쁜 숨을 내쉬며 한참이나 그렇게 있었다.

올해만 두 번째네.
한동안 괜찮았는데.

그러면 안 된다는 걸 알면서도, 이럴 땐 어김없이 자괴감이 밀려온다. 여전히 날카롭고 약해 빠진 내가 싫어진다.

2023년 9월 29일 금요일 산책 206일 차

총 걸음 10,017보

총 거리 6.7km

본가에서 점심을 먹고, 조카들 용돈을 챙겨 주고 집으로 돌아왔다. 명절 음식까지 평소보다 훨씬 더 많은 양의 음식을 냉장고와 냉동고에 정리해 놓고 나니, 어느새 해가 졌다.

오늘은 좀 걸어야지.

걸으며 어제의 나를 떠올린다.
나는 나에게 왜 공황이 찾아왔는지 알고 있다.

걸으며 몇 해 전의 나를 떠올린다.
그때 내가 왜 그랬을까. 그냥 봄동 얘기나 할걸.

부모와 자식이 정치적인 문제로 다툰다는 이야기를 많이 들었다. 그런데 다행히 우리 집에선 그런 일은 일어나지 않았다. 모두 정치 성향이 비슷해, 명절에도 정치적인 문제로 목소리를 높이며 서로 다투는 일은 일어나지 않았다. 몇십 년 동안 그랬다. 그런데, 그게 벌써 9년 전이구나. 어른들

세계에 이제 막 유튜브가 퍼지기 시작할 때였나 보다. 언젠가부터 아버지가 이상한 말씀을 하기 시작하셨다. 처음엔 "유튜브에서 하는 말 너무 다 믿지 마세요." 정도의 얘기만 해도 되는 수준의 대화가 오갔다. 어른들이 정말 유튜브를 많이 보시긴 하나 보다. 평생 자식들과 비슷한 정치 성향을 유지하고 계시던 아버지조차 그런 엉뚱한 이야기를 믿고 엉뚱한 이야기를 하신다는 것이 그저 조금 걱정되는 수준이었던 것 같다.

그런데 그해 추석 연휴. 음식 장만을 하는 동안 틀어 놓은 TV에서 그 시절 무슨 버튼처럼 나를 울리던 뉴스가 나오고 있었는데, 아버지가 갑자기 목소리를 높여 이상한 말씀을 하기 시작하셨다. 참았어야 하는데, 그때 그냥 제철 음식 얘기나 하며 화제를 돌렸어야 하는데, 나는 그러지 못했다. 나는 아버지가 답할 수 없는 질문들을 계속해서 던지며 아버지를 몰아세웠던 것 같다. 처음엔 내 편에서 말을 거들던 엄마조차 "이제 그만 해라"라는 말씀을 하셨던 걸 보면, 그때의 나는 지나치게 냉정하고 무서웠을 것이다. 화가 잘 나지 않는 성격이지만, 정말 화가 많이 났을 때의 나는 무척 차가운 사람이 된다는 걸 알고 있으면서, 나는 왜 그때 참지 못했을까. 가족들은 이런 내 모습을 처음 봤기에, 더 놀랐을 것이다. "이제 그만 해라." 엄마의 말에 정신을 차린 후에야 나는, "아빠, 아빠는 자식들을 다 잘 가르치고 잘 키웠잖아요. 왜 자식들 말을 안 믿고 누군지도 모르는 그런 사람들이 하는 유튜브 말을 믿어요." 다시 조용한 딸로 돌아와 아버지를 달래듯 말했지만, 아버지의 눈은 여전히 무척 당황하고 놀란 빛이었다.

언젠가 팟캐스트*를 듣는데, 부모님과 정치적인 문제로 다퉜다는 사연에 진행자가 이렇게 말했다. "그럴 땐 답이 없어요. 그냥 화제를 돌려야 해요. 요즘 봄동이 참 맛있더라고요? 그러면서요. 여러분, 제철 음식은 그럴 때 쓰라고 있는 거예요."

나도 그랬어야 했는데, 그러지 못했다.
그날 아버지와의 대화는, 내가 평생 아버지와 나눴던 대화 중 가장 긴 대화였다. 돌아보니 그랬다. 다정하지 못한 아버지와 만만치 않게 무뚝뚝한 막내딸 사이에 있었던 가장 긴 대화. 그날의 일은 지난 2년 동안 굉장히 여러 번 내 머릿속에서 재생됐다. 아무리 기억을 되짚어 봐도 그날보다 더 긴 대화는 없었기에, 재생되고 또 재생됐다.

* 요즘은 팟캐스트 시대

그리고 어제, 오빠와 언니 사이에 목소리가 커졌다. 정치적인 얘기였다. 비슷한 정치 성향을 가졌음에도, 조금씩 다른 입장 차이로 언성을 높이는 두 사람을 바라보고 있는데, 조금씩 숨이 차오르기 시작했다.

"나 잠깐만. 나가서 바람 좀 쐬고 올게."

그렇게 뛰쳐나와, 골목길 어느 담벼락 밑에 쭈그리고 앉아 한참이나 가쁜 숨을 고르려 애쓰며 그렇게 있었다.

'햇사과가 맛있네. 여름내 그렇게 푸석푸석 맛이 없더니, 역시 제철 과일이 맛있어. 하나 더 깎을까?'

몇 번이나 머릿속으로 연습하고 또 연습했는데.
어제의 나는 또 그러지 못했다.

가빠 오는 숨을 내쉬며 그저 어느 담벼락 밑에 쭈그리고 앉아 있었다. 9년 전이나 지금이나, 여전히 날카롭고 미숙한 내가 내 안에 있다는 것을 인지하며, 그렇게 앉아 있었다.

2023년 9월 30일 토요일 　　　산책 207일 차

총 걸음 13,342보

총 거리 8.8km

양떼구름 안에 갇혀 있는데도 달빛이 심상치가 않다. 구름을 뚫고 둥글게 번져 가는 달무리가 사람의 혼을 쏙 빼놓을 작정인가 보다.

괜히 8월 대보름인 게 아니구나.

하늘을 올려다보는 사람들도, 달 사진을 찍고 있는 사람들도 꽤 보인다. 저 달을 보며 소원을 비는 사람들도 많겠지?

소원. 나에겐 늘 어려운 단어였다. 생일 케이크의 초를 불 때면 사람들은 소원을 빌라고 하고, 초를 분 다음 무슨 소원을 빌었냐고 묻곤 하는데, 나는 그게 늘 어려웠다. 무슨 소원을 골라야 하냐도 어려웠지만, 이렇게 빈다고 무슨 소용이 있는 거지? 의심이 들었기 때문이다.

성북천에서 내려와 청계천으로 접어들자,
돌하르방이 보인다.

어떤 아주머니가 하르방 위에 손을 올린 채 눈을 감고 있다. 나만 모르는 기도 명소였던 걸까. 이곳에서 눈을 감은 채 혹은 두 손을 모은 채 기도하는 모습으로 서 계신 분들을 여러 번 봤다. 늘 그 모습이 너무 간절해 보여 나도 매번 뒤를 돌아봤다.

결국은 간절함인 걸까.

무언가를 그렇게 간절하게 바라는 마음을 가져 본 적이 너무 오래된 것 같은데, 그건 내가 많이 가져서도, 내 삶에 크게 만족하고 있어서도 아니라는 것을 깨닫자, 어쩐지 조금 쓸쓸해졌다.

간절히 바랐지만 실패했던 기억. 무척이나 열심히 최선을 다했지만 넘어졌던 기억. 원하고 또 원했지만 결국 이루지 못했던 기억들을 먼저 떠올리고 있는 내가, 좀 한심하게 느껴져 쓸쓸해진 걸까.

다시 길을 걷는데,
가만히 서서 하늘을, 보름달을 바라보고 있는 사람들이 꽤 보인다. 오늘은 나도 생각을 좀 고쳐먹고 소원을 빌어 볼까.

그런데, 무슨 소원을 빌어야 하지.
다 빌면 안 들어줄 것 같고, 하나만 고르자니 어렵네.

믿지도 않는다고 그렇게 말해 놓고, 몹시도 진지하게 소원의 우선순위를 고르고 있는 내가 또 좀 우습다.

하르방 앞의 아주머니는 무슨 소원을 빌고 계셨을까.
달을 올려다보고 있는 이 많은 사람들은 또 무슨 소원을 빌고 있을까.

소원이 많은 이런 날엔, 신들도 정신없겠구나.
밤하늘은 이리도 고요하고 평화로워 보이는데, 저 너머 여기저기서 걸려 오는 소원 청탁 전화에 발을 동동 구르며 부산을 떨고 있을 신을 잠시 상상해 본다.

바쁘신데, 어떻게.
제 소원도 한번 쓱 청탁 넣어 봐도 될까요.

2023년 10월 1일 일요일   산책 208일 차

총 걸음 3,029보

총 거리 2.1km

닌자가 왔다.
여전히 산책을 잘하고 있는지, 글은 차곡차곡 잘 쓰고 있는지 점검을 받는다.

- 그래서 요즘은 어디로 산책 가?
- 아, 그게….

나는 요즘 매일 조금씩 다른 경로로 산책을 한다. 시간도 조금씩 다르게 잡고 나간다. 실은 옷도 조금씩 다르게 입는다. 출근하는 삶을 살 때는 교복이냐? 라는 말을 들을 정도로, 늘 비슷한 옷을 입고 다녔는데, 산책을 나갈 때는 조금씩 변화를 주려 한다. (그래 봤자 다 무채색에 비슷비슷한 디자인이라 의미 없을 수도 있지만….) 기분 전환을 위해서도, 멋을 내기 위해서도 아니다. 몇 번의 무례한 행인, 몇 번의 불쾌한 경험, 몇 번의 말 거는 사람들을 만나면서 그렇게 됐다. (혼자 산책을 하다 보면 생각보다 말을 걸어 오는 사람들이 꽤 있다.)

"매일 같은 시간에, 같은 장소를 같은 옷을 입고 산책하면 타겟팅이 될 수 있잖아."

나의 말에 매우 너답다는 표정으로 웃으며 닌자가 묻는다.

- 비 칸트화냐?
- 그렇지….

칸트는 매일 정확히 같은 시간에 산책을 나가, 칸트가 산책하는 걸 보고 사람들이 시계를 맞췄다는 얘기가 있다.

매일 현관문을 여는 프로산책러가 됐지만,
여전히 사람들이 나를 알아보는 것도,
사람들이 내게 말을 거는 것도 싫은 은둔형 외톨이.

무례한 사람을 만나면 마음이 찌그러지고, 불쾌한 경험에 진이 빠지고, 말을 거는 사람을 만나면 깜짝 놀라 뒷걸음질 치지만, 그럼에도 아직 산책은 좋으니 다행이다.

오늘은 닌자와 어디를 걸어 볼까나.

2023년 10월 3일 화요일

산책 210일 차

총 걸음 15,623보

총 거리 10km

여름내 하얀 꽃을 피우던 나무에,
주렁주렁 작은 빨간색 열매가 열렸다.
휴대폰을 꺼내 구글 렌즈를 연다.

'덜꿩나무. 들에 사는 꿩들이 이 나무의 열매를 좋아하여 이름이 붙은 덜꿩나무는….'

참 편한 세상이다. 아주 오래전, '식물'을 공부하고 있다는 대학원생을 소개받은 적이 있다. 그때는 취미가 아닌 전공으로 식물을 공부하고 있다는 게 무척 생소하게 느껴졌고, 함께 길을 걸을 때 그가 모든 나무와 풀들의 이름을 알고 있다는 게 또 신기해 자꾸만 질문을 던져댔던 기억이 난다. 지금 생각해 보면 그가 아무 이름이나 댔어도 나는 몰랐을 텐데, 너무 자신 있게 바로바로 답을 해 의심을 품어 본 적이 없다는 게, 그 시절 나도 참 순수했구나 싶다. 그의 말을 확인하기 위해선, 식물도감이 필요하던 시절이었다. 지금은 휴대폰만 꺼내면 된다. 아직은 엉뚱한 답을 내놓을 때도 있지만, 몇 번쯤 반복하다 보면 대체로 제대로 된 답을 내놓는다.

산책을 시작하고 나서, 나는 길가의 꽃 이름과 나무 이름을 알아내는 데 재미가 들렸다. 그렇게 이름을 알아내고 나면, 그 후 다른 길을 걷다 같은 아이를 만나도 그렇게 반가울 수가 없다. 김춘수의 '꽃'이 새삼 얼마나 대단한 시였는지 생각한다. 내가 그의 이름을 불러 주기 전에는 그는 다만 하나의 몸짓에 지나지 않았다니. 바람에 흔들리는 나뭇잎을 보며 생각한다. 너는 이제 나에게로 와서 덜꿩나무가 되었구나. 잊히지 않는 눈짓이 된 것이지. 내일 또 만나자.

작은 공원을 빠져나와 내리막길을 내려오는데 높고 푸른 하늘에 하얀 구름이 수채화처럼 퍼져 있다. 그 아래로 '도배하기 좋은 날'이라고 쓰인 낡은 간판이 보인다. 늘 보는 간판인데도 오늘 하늘과 제법 잘 어울려 내 눈에 오래 담긴다. 이 간판도 이제 잊히지 않는 눈짓이 될 모양이다.

도배하기 좋은 날.
근데 뭐, 도배만 하기 좋겠나.
무엇이든 해도 좋을 것 같은, 가을이다.

2023년 10월 4일 수요일   산책 211일 차

총 걸음 10,170보

총 거리 6.5km

'언두잉'이라는 드라마를 보고 있다.
드라마 속 여주인공인 니콜 키드먼이 계속 걷는다. 아침에도 걷고, 밤에도 걷고, 모두가 잠든 새벽 시간에도 걷는다.

남편에게 내가 모르는 모습이 있는 걸까.
그는 그 일을 했을까, 하지 않았을까.

드라마는 그녀의 머릿속에 수많은 물음표가 찍힐 만한 여러 상황을 보여 주지만, 정작 그녀가 걸으면서 무슨 생각을 하고 있는지는 말해 주지 않는다. 그저 끊임없이 걷고, 또 걷는 모습만을 보여 준다.

걷고 있는 사람을 보면, 나도 걷고 싶어진다.

오전부터 하루 종일 비가 왔는데,
이른 저녁을 먹고 나니 마침 딱 그쳐 준 비.

서둘러 운동화를 신고 밤 산책을 나선다. 계속 걷다 보니, 또 계속 걷고 있던 드라마 속 니콜 키드먼의 모습이 머릿속에서 끊임없이 재생된다.

그녀의 마음을 짐작해 보려는데,
도리어 나의 마음이 궁금해진다.

나는 생각을 하기 위해 걷는 걸까.
생각을 멈추기 위해 걷는 걸까.

그녀는 생각을 하기 위해 걸었을까.
머릿속의 물음표를 떨쳐 내기 위해 걸었을까.

2023년 10월 5일 목요일   산책 212일 차

총 걸음 13,463보

총 거리 9km

비가 온 다음 날.
기온은 조금 떨어졌지만, 하늘이 높고 맑다.
약간은 차가운 공기가 또 사람 마음을 설레게 하는 날씨.

'오늘 아침 날씨가 우리 런던에서 백조 보러 나갔을 때 날씨랑 똑같았어.'

보리 언니의 말에 단체채팅방에선 추억 여행이 시작됐다. 잠깐 동네 구경 가자 나서서 만 보 걸었던 아침, 그게 불과 다섯 달 전이라는 게 믿기지 않는다, 몇 년 전 일 같다, 나는 전생처럼 느껴진다 등의 말들이 한참을 오가다, 그날의 어떤 사건을 나만 기억하고 있다는 것이 밝혀진다. 그 일에 대해 한참을 설명하다 지쳐 내가 말했다.

'왜 나만 기억해? 억울.'
그러자 노랑이 말한다.
'살면서 언니만 기억하는 게 늘 너무 많지 않아요?'

아….

'사람마다 외로움의 포인트가 다른데, 세형 언니 외로움의 포인트는 그거 같다.'

모과가 주렁주렁 열린 가을날의 공원을 산책하는데, 노랑의 말이 계속 머릿속을 맴돌아 나는 또 다른 기억 속으로 빠져든다. 부어라 마셔라 아무렇게나 살던 스무 살 무렵, 학우들의 필름이 어찌나 자주 끊기던지, 그 시절에도 술을 거의 하지 않던 나만 기억하고 있는 일들이 꽤 많았다. 그때까진 그래서인 줄 알았다. 라디오 작가 일을 시작한 후 매일 원고를 쓰다 보니, 내 가까운 지인들, 친구들에게 보내는 글들이 꽤 있었다. 퇴근하며 나도 친구가 쓴 내 이야기를 듣고, 친구도 내가 쓴 친구의 이야기를 들으며 서로에게 문자를 보내곤 했다. 청취자들은 몰라도 우리는 그것이 서로의 이야기라는 걸 알았으니까. 몇 년간 썼던 라디오 원고를 묶어 출간한 첫 책을 친구들에게 선물하면서, 그들의 이야기에 각각 작은 포스트잇을 붙였다. '내가 이런 이야기를 했었어?', '우리가 그때 그랬었나?' 친구들의 후기를 들으며 '나만 기억하는 거야?' 사람들이 생각보다 자신이 한 말을 잘 기억하지 못한다는 것을 눈치 챘다. 그 후로도 지인들이나 친구들에게 그들이 몇 년 전 했던 말들을 해 줄 때면, '너무 내가 했을 법한 말이라 부정할 수가 없네?'라는 말을 종종 들었다. 그때쯤 깨달았던 것 같다. 나의 뇌는 사람 얼굴을 기억하는 부분이 굉장히 취약한 대신, 사람들의 말을 기억하는 부분은 남들보다 활성화돼 있다는 것을.

그래서 종종 억울해지기도, 외로워지기도 했다. 나 혼자 여행 간 거니? 그때 나 혼자 벽이랑 대화한 거야? 길을 걷다가도, 무념무상의 상태로 설거지를 하다가도, 잠을 자려고 누웠다가도, 수년 전 내가 했던 말들, 누군가 했던 말들이 머릿속에서 쏟아져 내려 급 창피해지기도, 급 슬퍼지기도 했다. 망각은 신의 선물이라는 말이 괜히 있는 게 아니구나, 라는 생각도 했다. 하지만 이제 모든 건 상대적이라는 걸 안다. 그 사람의 이런 모습이 좋아서 사랑에 빠졌다가, 바로 그 모습이 싫어져 헤어지게 되는 것처럼, 누군가의 어떤 장점은 동시에 그의 단점이 되기도 한다. 천재적인 관찰력으로 셜록 홈스 못지않은 탐정의 재능을 지닌 드라마 속 주인공 몽크는, 자신의 능력을 이렇게 표현한다. 신이 주신 축복이자 저주. 남들보다 많은 말을 기억해 문득 외로워지다가도, 그래서 내가 또 글로 밥을 먹고 사나 보다, 생각한다.

오늘의 한글창에 기록될 말들을 고르며, 공원 밖을 빠져나온다. 조금 더 걷고 싶은 날씨지만, 이런 날은 밤 산책도 좋을 테니, 남은 걸음 수는 밤 산책을 위해 남겨 놓는다.

-

밤 산책을 남겨 놓길 잘했다.
적당한 온도, 적당한 바람. 슬렁슬렁 동네 여기저기를 기웃거리기에 딱 좋은 가을이다.

2023년 10월 8일 일요일 산책 215일 차

총 걸음 9,375보

총 거리 6.3km

추석 연휴를 피해, 아버지에게 다녀왔다.
이런 날엔 산책길에도 자연스레 아버지 생각을 하게 된다.

망자들의 세계를 그린 애니메이션 '코코'를 떠올린다. 그곳에서 즐거운 생활을 하고 있는 망자들에게 가장 두려운 것은 잊히는 것이다. 이승에서 나를 기억하는 자가 모두 사라지면, 망자 또한 소멸하기 때문이다.

그런 세상이 정말로 있다면, 우리 아버지는 적어도 내가 살아 있는 동안엔 소멸하지 않겠구나, 라는 생각을 하다가 나라면 어떨까, 라는 질문으로 빠져든다. 불교에서 말하는 열반과 해탈로까지 흐르던 나의 생각은, 나에게 선택권이 있다면 나는 역시 소멸 쪽을 선택하겠구나, 에 다다른다. 하지만 아버지의 마음은 여전히 잘 모르겠어서, 오늘도 나는 기억하는 편에 서서 아버지를 생각하고 또 생각하며 걷는다.

2023년 10월 9일 월요일 　　산책 216일 차
　　　　　　　　　　　　　총 걸음 9,210보
　　　　　　　　　　　　　총 거리 6.2km

그림을 좋아한다.

여행 준비를 할 때는, 늘 그 기간 그 지역의 주요 전시 일정을 찾아보고 예약이 필요한 전시들은 티켓 오픈 날에 맞춰 예약을 한다. 그렇게 세계 여기저기 미술관에 회원 가입을 해 둔 탓에 종종 메일을 받는다. 오늘 도착한 메일은 루이비통 파운데이션에서 마크 로스코 전시를 곧 시작한다는 메일이었다. 자연스레 테이트 브리튼에서 봤던 JMW 터너관을 떠올린다. 그곳에는 마크 로스코의 작품도 하나 걸려 있다. 터너의 영향을 많이 받은 마크 로스코가 이 미술관에 자신의 작품을 기증하며 터너의 작품 옆에 걸어 달라고 요청했기 때문인데, 그 그림이 터너의 미완성 유작들이 전시돼 있는 방에 걸려 있다.

글을 쓰는 작가든, 그림을 그리는 작가든, 작가가 죽고 난 후 미완성 유작들이 공개되곤 한다. 항상 궁금했다. 작가 본인도 그것을 원할까, 아니면 원하지 않을까. 쉼표 하나, 작은 붓 터치 하나에도 작가의 의도가 들어가기 마련인데,

작가 본인의 선에서 완성되지 않은 작품이 작가의 의도와 상관없이 공개되는 일은 옳은 일일까, 그렇지 않은 일일까.

작가들의 삶을 다룬 책이나 영화를 볼 때도 비슷한 마음이 든다. 이 정도로 사생활이 파헤쳐지는 걸 작가 본인은 원할까, 원하지 않을까. 심지어 그렇게 파헤쳐진 사생활과 미완성 작품들은 진실 혹은 진품일 때도 있지만, 그렇지 않은 경우도 허다하다. 아마도 많은 독자들이 유명 작가의 사생활과 유작들에 호기심을 갖기 때문일 거다. 그런데 정작 작가 본인들의 마음은 어떨까. 개의치 않는 작가도 있을 테고, 절대 원하지 않는 작가도 있을 것이다. 오히려 그것을 즐기고 이용하는 작가들도 있을 테고, 어쩔 수 없는 일이지 체념하는 작가도 있을 것이며, 그 모든 마음이 왔다 갔다 하는 작가도 분명 있을 것이다. 그런데 나는 역시, 마음을 어디에 둬야 할지 모르겠다. 물론 나 정도 작가에게 그런 일은 일어나지 않겠지만, 나는 완성되지 않은 작품들이 공개되는 것도 싫고, 내가 공개하길 원하지 않는 나의 사생활이 파헤쳐지는 것도 싫다. 그런데 또 독자의 입장에선 그런 글을 읽고, 그런 작품을 본다. 그래서 더 어렵다. 그것은 옳은 일일까, 그렇지 않은 일일까. 아니면 옳고 그름으로 따지는 것 자체가 어리석은 질문인 걸까.

테이트 브리튼은 터너의 초기작부터 미완성 유작들까지 아마도 터너의 작품을 가장 많이 소장하고 있는 미술관일 터라 나는 그날 이 방 저 방을 옮겨 다니며 수많은 터너의 그림들을 봤다. 그런데 아이러니하게도 나 또한 가장 인상 깊었던 방은 터너가 죽고 나서 그의 스튜디오에서 발견된 미완성 유작들로 채워진 방이었다. 한참이나 그 방에 머무르며 터너와 마크 로스코의 그림을 번갈아 보고 있자니, 이곳에 자신의 작품을 걸고 싶어 했던 마크 로스코의 마음은 알 것도 같은데, 터너의 마음은 짐작이 되지 않았다. 그가 세상을 떠난 지 백 년이 훨씬 지났는데도 사람들은 터너의 작품을 보기 위해 테이트 브리튼을 찾는다. 그리고 누군가는 그가 열과 성을 다해 마지막 붓질까지 끝낸 작품들보다, 그 스스로 공개한 적 없는 미완성 유작들에 더 마음을 주고 있다. 그는 이것에 대해 어떻게 생각할까.

다시 영화 코코를 떠올린다. 이 정도로 유명해지면, 그 예술가에겐 소멸할 권리도, 잊힐 권리도 박탈되는 거겠구나.

> '오 당신, 머릿속에 새겨 잊지 마세요. 인생이란 얼마나 짧으며, 예술 작품만이 진정 진실하게 존재한다는 것을. (…) 세계가 언젠가 종이 조각처럼 불타오를지라도, 예술 작품만은 최후의 생명의 불꽃이 되어 신의 전당으로 들어가는

것입니다.'

독일의 시인인 아구스트 빌헬름 슐레겔의 아내가 남편에게 썼던 편지에 등장하는 이 문구는 '불멸의 예술'을 상징한다. 불멸. 그래서 예술을 위대하다고 하지만, 어쩐지 그래서 또 조금은 슬프고 아름다운 것이 예술가들의 삶인 걸까.

생각이 많아지는 밤이다.
차곡차곡 걸음 수가 늘어난다.

2023년 10월 10일 화요일   산책 217일 차
                         총 걸음 9,006보
                         총 거리 6km

산책을 마치고 집으로 돌아오는 길 들른 마트에서 우유 코너를 지나치는데, 은발의 부부가 눈에 들어온다. 두 분 다 나이에 비해 숱도 많으시고, 드문드문도 아닌 머리카락 전체가 고운 은색이다. 탈색하신 건 아니겠지? 근데 언제부터 이렇게 두 분 다 염색을 하지 않고 은발로 살겠다 결심하신 걸까.

은발의 할아버지가 카트에 몸을 기댄 채 은발의 할머니를 바라보고 있다. 할머니는 열심히 우유를 고르고 계신다. 다 같은 우유인데 유통 기한을 확인하고 계신 걸까. 자꾸 들었다 놨다 몸을 숙인 채 우유를 고르신다. 한참을 바라보다 내가 자리를 뜰 때까지도 할머니는 우유를 고르고 계셨다. 우유 하나에 저렇게 많은 시간을 쓰고 있는 할머니에게 조금은 짜증이 날 수도 있을 것 같은데, 할아버지의 표정에선 아무런 감정이 읽히지 않는다. 어제도, 그제도, 몇 년 전에도, 어쩌면 몇십 년 전에도 했던 일을 오늘도 하고 있는 듯한, 일상의 표정만이 떠올라 있을 뿐이다.

두 분은 얼마나 오랜 시간 이렇게 함께 장을 봐 오신 걸까.
그 시간을 가늠해 보다 어쩐지 마음이 조금 시큰해졌다.

집으로 돌아갈 시간이다.
돌아가 엄마에게 전화를 해야겠다.

2023년 10월 16일 월요일

산책 223일 차

총 걸음 10,558보

총 거리 7.2km

최저 기온 11도.
제법 날씨가 쌀쌀해졌다.

날씨가 청명해지니, 그림자가 또렷해진다. 밤에 길을 걷다 보면, 내 그림자에 내가 놀라는 경우가 생긴다. 분명 내 그림자는 앞에 있었는데, 가로등이 다른 각도에서 들어오는 순간 뒤에도 내 그림자가 생겨 나를 따라올 때 흠칫.

하지만 이내,
'뭐야, 그냥 나잖아.'
안심하고 다시 앞으로 나아가며 생각한다.

역시 세상에서 제일 무서운 것도,
제일 경계해야 할 존재도, 나인 걸까.
다른 그 누구도, 그 무엇도 아닌.

2023년 10월 17일 화요일   산책 224일 차
                        총 걸음 6,958보
                        총 거리 4.9km

1년 전 끊어 놓은 항공권 날짜가 내일모레로 돌아왔다. 코로나 이후 처음 보는 바다인가.

하루 종일 수영장에 누워, 바다 보고 책 읽고 하늘 보고 그러다 또 잠들고. 나른한 휴양지를 좋아하는 편이라, 1년 전 항공권을 끊으면서는 무척 설렜던 것 같은데, 또 짐을 싸야 할 시간이 돌아오자 심난해한다. 며칠 전 수영복은 괜찮나 꺼내 봤는데, 몇 년 새 옷장 안에서 삭아 버린 수영복을 발견하곤, 급하게 수영복을 주문했다. 수영복도 왔고, 스노클링 장비도 왔고, 이제 정말 짐을 싸야겠구나.

항공권을 체크하고 짐을 쌀 때면, 늘 나의 첫 번째 항공권이 떠오른다. 방송 작가 일을 시작하기 전, 나는 비행기를 타 본 적이 없다. 한 학기를 남겨 둔 채 휴학을 하고 아르바이트로 시작했던 방송 일이라 복학을 하려고 그만두려 했을 때, 나를 처음 이 세계로 데려왔던 피디님이 물었다. "몇 학점 남았니?" 이틀만 빼 주면 졸업할 수 있겠다며 피

디님이 나를 데려갔던 곳은 시사교양국이었다. 그때 방송 일을 그만두고 예정대로 대학원에 갔더라면, 나는 또 지금 어떤 삶을 살고 있었을지 가끔 궁금해한다. 그럼 글을 쓰지 않는 삶을 살았을까, 그럼에도 글을 쓰는 삶을 살았을까.

시사교양국에서 우리 과 선배님과 일하게 됐다. 처음 만났을 때 내 학번과 나이를 듣고 한참을 웃으셨다. 나와 30년 차이가 났기 때문이다. 그럼에도 선배님은 내가 그 프로를 그만둘 때까지 한 번도 내게 말을 놓으신 적이 없다. 팀 회식 자리에서 스치듯 비행기를 타 본 적이 없다는 말을 했었다. 그런데 며칠 후, 방송 시작 전 선배님이 나를 따로 부르셨다.

"강 작가가 한 번도 비행기를 타 본 적이 없다고 해서…."

그리고 봉투 하나를 내미셨는데, 그 안에는 속초 왕복 항공권이 두 장 들어 있었다. "작가는 여행도 많이 하면서 많이 보고 많이 경험해야 해요." 내가 너무 황송해하자, 대신 다녀와서 여행 때 있었던 일을 오프닝에 써 주면 되죠, 라고 하셨다. 내가 같이 가 줄 순 없으니, 가까운 친구와 다녀와요. 선배님이 그 항공권을 건넸을 때의 나는 아직 이십 대 초반의 학생이었고, 나 스스로 작가라는 인식도 없었으며,

방송 일 또한 그저 잠깐 머물 아르바이트 자리로만 생각하고 있었다. 그 후 20년이 넘는 시간 동안 내가 탄 비행기 횟수를 세 보진 않았으나 꽤 많을 것이다. 여행도 많이 했고 글도 많이 썼고 책도 여러 권 냈으며, 아직도 글을 쓰며 작가로 살고 있다.

"작가는 여행도 많이 하면서 많이 보고 많이 경험해야 해요."

선배님의 그 말을, 여행 짐을 쌀 때마다 아직도 떠올린다. 방송 일을 하면서, 작가로 살면서, 이상한 사람도 많이 만났고, 좋지 않은 일도 꽤 겪었지만, 이제 와 돌아보니 좋은 사람도 많았고, 좋은 일도 많았다. 선배님이 내게 선물한 나의 첫 항공권이 없었다면, 나는 지금 또 어떤 삶을 살고 있었을지 가끔 궁금해한다. 그럼에도 나는 이렇게 여행을 좋아하는 사람이 되었을까. 여전히 글을 쓰는 삶을 살고는 있었을까.

또 생각이 길어졌다.
짐 싸는 건 늘 미루고 싶어져, 자꾸만 생각이 길어진다.
일단 동네 한 바퀴를 돌고 와서 짐을 싸야겠다.

2023년 10월 27일 금요일   산책 234일 차

총 걸음 2,836보

총 거리 2km

여행을 마치고 집에 돌아와 짐을 풀면서 동시에 세탁기를 돌린다. 돌아오는 날 혼자 산책을 나갔다 갑자기 쏟아진 폭우에 홀딱 젖은 채 호텔로 돌아왔다. 말릴 시간이 없어 젖은 옷과 운동화를 비닐에 똘똘 말아 가져왔으니, 빨래가 가장 급했다.

산책을 시작하고 얼마 지나지 않았을 때, 노랑과 함께 부산에 다녀온 적이 있다. 둘째 날 아침, 노랑과도 함께 아는 선배가 부산에 와 있어 다 같이 해변도 산책하고 점심을 먹기로 했는데,

비가 왔다.
아주 많이 왔다.

아침 산책은 어려울 것 같고, 그래도 커피는 마시고 싶어 홀로 호텔을 나섰는데, 몇 걸음 걷지 않아 운동화가 다 젖었다. 이미 망한 몸, 좀 더 걸을까. 그렇게 바닷가를 한참이

나 걷다가 전화로는 예약을 받지 않는 식당까지 가서 점심 예약을 하고 호텔로 돌아와 헤어드라이어로 운동화를 말렸다. 물론 점심 먹을 때까지도 다 마르지 않았다.

축축한 운동화를 신고 나가 선배를 만나자마자 노랑이 나의 아침 산책을 일렀다. 비가 그렇게 오는데도 혼자 나가서 홀딱 젖어 돌아왔다고.

"너 이러다가 여행 가서도 하루키처럼 아침마다 조깅하는 거 아니니?"

선배의 말에 둘이 까르르거리며 나를 놀렸던 기억.

뛰지는 못합니다.
저는 오로지 걷지요.
그것도 아주 느리게, 느리게.

그땐 그냥 웃으며 그런 생각을 했던 것 같은데, 나는 정말 여행을 가서도 걷고 있었다. 휴양지에서 운동화를 신고 걸어 본 적이 거의 없는 것 같다. 걸어 봤자 슬리퍼를 찍찍 끌고 나가 점심이나 먹고 돌아오는 정도가 다였다. 그런데, 아침을 먹으러 가면서도 운동화를 신고 있는 나. 일행들이 조식을 먹고 방으로 돌아가면 나는 혼자 걸었다. 중간중간 짬이 날 때도, 운동화를 신고 또 걸었다. 그러다 돌아오는 날, 우산도 없이 나간 산책길에 폭우를 만나 홀딱 젖었다. 어느 가게 처마 밑에 한참을 서 있다가, 좀처럼 그칠 기미가 보이지 않아 그 비를 다 맞고 호텔로 돌아왔다. 추위를 많이 타서 비행기를 탈 때도 양말과 운동화를 꼭 신는데, 젖은 운동화를 신을 수 없어 슬리퍼를 신고 비행기에 올랐다.

너무 젖어 걸을 때마다 질척질척 소리가 나는 운동화에 대한 기억이 쌓여 간다. 그런데도 아직 걷는 게 좋고, 비를 맞아도 좋으니 계속 걷고 싶다는 기분이 드는 걸 보면, 보리 언니의 말마따나 나는 지금 산책 중독이긴 한가 보다.

2023년 10월 29일 일요일   산책 236일 차

총 걸음 3,717보

총 거리 2.5km

처음 산책을 시작했을 무렵, 재래시장 입구 쪽에 긴 줄이 있었다. 골목길 모서리에서 반 노점 형태로 붕어빵을 파는 곳이었다. 그 모습이 신기해 사진을 찍어서 친구들에게 보여 줬더니, 요즘은 붕어빵 파는 곳이 많지 않아 '붕세권'이라는 말이 있을 정도로 붕어빵 가게 앞엔 어디나 줄이 길다고 했다. 차마 저 긴 줄 뒤에 설 용기가 나지 않아, 늘 그냥 지나치곤 했다. 그러던 어느 날 서너 명밖에 없는 것 같아 쓱 하고 뒤에 서 봤는데, 그제야 노점 앞의 손 글씨가 보였다.

죄송합니다.
뒤에 계신 분을 위해
4,000원까지만 드릴게요.

4,000은 빨간색으로 쓴 데다 그 밑에 빨간 줄까지 두 줄 그어 강조해 놓은 것을 보고, 아니, 천 원에 두 개, 2천 원에 다섯 개인데, 붕어빵을 누가 한 번에 열 개 이상씩 사는 거지? 했건만, 줄이 쉽게 줄지 않았다. 내 앞에 있는 모든 사람이

4천 원어치, 열 개씩을 샀다. 난 두 개면 충분한데…. 천 원짜리 한 장을 손에 꼭 쥔 채 그냥 집에 갈까, 잠시 고민했다. 그런데 붕어빵 아주머니와 다른 손님이 나누고 있는 대화가 흥미로워 계속 서 있게 됐다. 누가 자꾸 신고를 해 장사를 못 하겠다며 아주머니는 열변을 토하고 계셨다. 그러면서도 아주 빠른 손놀림으로 계속해서 붕어빵을 구워 내고 봉지에 담고 손님에게 건네는 일을 반복하고 계셨다. 줄을 서 있는 내내 반죽이 기계틀 밖으로 떨어져 가스 불에 닿아 타는 냄새인지 마스크 안으로도 희미하게 매캐한 냄새가 흘러 들어왔는데, 아주머니는 종일 이 냄새를 맡으며 붕어빵을 굽고 계시는 거구나 싶어 기분이 좀 이상했다.

얼마 후 붕어빵 노점은 없어졌다. 날씨가 더워져서인지, 계속되는 신고에 정말 장사를 할 수 없게 되어서인지는 모르겠다. 몇 달 후 바로 옆 건물 1층에 가게 하나가 생겼다. 붕어빵도 팔고 옥수수도 팔고 팥빙수도 팔고 군고구마나 군밤도 파는 간식 가게였는데, 늘 붕어빵 쪽에만 줄이 길었다. 노점 아주머니가 낸 가게인지, 노점 아주머니를 신고하고 다른 누군가가 낸 가게인지, 그것도 아니면 제삼자가 우연히 이 자리에 가게를 낸 것인지 잘 모르겠어서, 가게 앞을 지날 때마다 마음이 좀 이상했다.

그런데 며칠 전, 사진 정리를 하다 붕어빵 노점을 찍어 놓은 사진을 발견했다. 사진을 확대해 보니 계좌 번호가 보였다. 그리고 새로 생긴 간식 가게를 지나며 다시 사진을 찍었다. 집에 와 확인해 보니, 노점과 가게의 계좌 번호가 일치했다. 아, 이제 나도 마음 편하게 붕어빵을 사 먹을 수 있겠구나. 새로운 가게는 늘 지나치기만 했다. 어쩐지 마음이 불편해 줄을 설 수가 없었다. 영업 신고가 되어 있지 않고 도로점유세를 내지 않는 노점이 불법이라는 것도 알고, 노점이 불법이 된 데는 또 다 이유가 있겠지만. 옳고 그름을 판단하는 것이 어려워지는 순간들이 있다. 나이를 먹을수록 세상을 흑과 백으로 나누는 일이 어려워진다. 적어도 나는 그렇다. 늘 회색 구역 어딘가에 서서 바라보고 생각하고, 그러느라 자꾸만 판단은 늦어진다.

마음도 편해졌겠다,
산책을 마치고 집으로 돌아오는 길,
나도 은근슬쩍 붕어빵 줄 뒤에 합류한다.

겨울 간식이 당기는 날씨가 되어 가고 있다.

2023년 11월 1일 수요일   산책 239일 차

총 걸음 9,587보

총 거리 6.6km

고등학교 1학년 때 서울로 전학을 왔다. 여름이 시작될 무렵이었다. 우리 집은 한강 남쪽에 있었지만 학교는 남산 쪽에 있어, 우리 동네엔 우리 학교 학생이 없었다. 늘 혼자 버스를 타고 학교에 갔다. 가을에서 겨울로 접어드는 계절이 왔지만, 나는 아직 서울 생활도 학교생활도 낯설기만 했다. 교복을 입고 정류장에 서서 혼자 버스를 기다리는 시간이 깜깜하고 추워졌을 뿐이었다. 그러던 어느 날, 승용차 한 대가 내 앞에 섰다. 창문이 열렸다. "우리 학교 학생이네?" 교장 선생님이었다. 이 동네에서 우리 학교 교복을 입고 서 있는 내가 선생님도 신기하셨는지, 이런저런 질문을 던지셨다. 전학생이었구나. 어디에서 왔니? 사투리는 왜 안 쓰니? 그러다 할 말이 떨어지셨는지, 라디오 볼륨을 조금 더 올리셨다. 라디오에선 클래식 음악이 흘러나오고 있었다. 강을 건널 때쯤 조금씩 날이 밝아 오기 시작했다. 그렇게 남산으로 올라가던 선생님의 차는, 우리 학교 쪽으로 들어가야 하는 길을 지나쳤다. 그렇게 5분 정도를 더 갔을까. 남산 길이 끝날 무렵, 선생님은 1차선에 차를 대고 유턴을

준비하셨다. 깜빡깜빡 조용히 계속되는 깜빡이 소리와 클래식 음악 소리 사이로 교장 선생님의 목소리가 들려왔다. "예쁘지 않니?" 선생님은 차창 밖 은행나무를 보고 계셨다. 그제야 내 눈에도 아침빛을 받아 반짝이는 노란 은행나무가 보이기 시작했다. "참 예쁘고 짧은 계절이지." 혼잣말인 듯 아닌 듯 그런 말씀을 내뱉으시곤 선생님은 유턴을 해 다시 학교 방향으로 향하셨다. 학교까지 이르는 다시 5분 남짓의 시간 동안 나는 창 쪽으로 고개를 바짝 돌린 채 노란 은행나무 길을 바라봤다. 그때 라디오에서 흘러나오는 음악이 무엇이었는지는 모르겠다. 그때의 나는 클래식에 대해 무지했고, 현실에서 클래식을 듣는 어른도 그날 처음 봤기 때문이다.

오늘 어느 아파트 단지 쪽으로 들어서자, 노란 은행나무 길이 펼쳐져 있다. 휴대폰을 꺼내 플레이 리스트를 바꾼다. 이젠 내 플레이 리스트 중에도 내가 좋아하는 클래식만 모아 놓은 리스트가 있다.

이 길이 보고 싶어 오늘 꼭 산책을 하고 싶었던 모양이다.
참 예쁘고 짧은 계절.
한바탕 비가 오고 나면,
이 노란 길도 어느새 사라져 버리겠구나.

2023년 11월 3일 금요일   산책 241일 차

총 걸음 5,288보

총 거리 3.7km

보리 언니네에서 모임이 있는 날. 늦었다 싶어 숨이 차오를 만큼 몹시 빠르게 걸었더니 5.0km/h가 떴다. 5로 시작하는 속도는 처음이다. 처음 산책을 시작할 떠는 3점대 초반이었고, 이후 4점대로 올라선 후 컨디션이 좋은 날엔 4점대 후반까지 이르기도 했지만, 5로 시작하는 속도는 처음이다. 나도 이제 조금 빠른 사람이 된 것 같아, 괜히 좀 뿌듯하다. (이렇게 숨을 헐떡이며 그런 뿌듯함을 느낀다는 것이 또 우습긴 하지만….)

얼마 전, 걷기와 달리기에 관한 흥미로운 실험 결과를 봤다. 한 그룹에는 일주일에 세 번 빠른 걸음으로 40분을 걷게 하고, 다른 그룹에는 역시 일주일에 세 번 40분의 스트레칭 운동을 하게 한다. 그리고 12개월 후 기억과 학습을 관장하는 해마의 크기를 측정해 운동 전과 비교하는 실험이었다. 해마는 보통 1년에 1%씩 줄어들기 때문에 스트레칭 그룹에서 나타난 1.4% 축소는 예상된 결과였는데, 걷기 그룹에선 오히려 2% 증가하는 결과가 나왔다.

이에 대한 해석도 흥미로웠다. 인류의 역사를 24시간으로 환산하면, 인간은 00시부터 23시 40분까지 수렵 채집인으로 살았고, 23시 40분에서 23시 59분 40초까지는 농작인으로 살았으며, 그 후 산업화가 먼저 일어나고, 지금 같은 디지털 시대는 고작 1초밖에 되지 않는다고 했다. 인류의 역사에서 인간은 대체로 먹을 것을 사냥하거나 포식자를 피하기 위해, 혹은 정착할 새로운 땅을 찾아 걷거나 뛰는 생활을 해 온 거다. 그러니 인간의 뇌 또한 걷거나 달리는 행위를 생존 본능으로 인식하며, 생존 가능성을 높이는 일을 할 때 도파민을 더 많이 분비하여 보상을 주는 형식으로 진화했을 수밖에 없다는 해석.

그러니 실내 걷기보단 실외 걷기가, 실외 걷기 중에선 처음 가 보는 지역, 새로운 곳을 걷거나 달릴 때 뇌가 가장 활발하게 움직인다는 이론이었다.

사람은 원래,
내가 보고 싶은 것에 더 눈이 가기 마련이고,
내가 믿고 싶은 것에 더 마음이 가기 마련이다.

걷기에 몰두해 있는 지금의 나는,
이 실험 결과를 의심 없이 홀랑 받아들이기로 한다.

어제의 원고를 다 끝마치지 못했으나, 조금만 걷고 올까 생각하는 나. 집을 나서기 전 지도를 보며, 오늘은 어디를 걸어 볼까 계획하는 나. 다이소에 들르는 일이 부쩍 잦아졌다. 그냥 걷는 날도 즐겁지만, 산책길에 작은 수확물을 가지고 집으로 돌아오면 어쩐지 조금 더 즐거운 나. 휴대폰을 꺼내 사진을 찍는 일도 빈번해졌다. 새로운 것을 보고, 새로운 생각을 하며, 오늘 기록할 이야기들을 머릿속에서 썼다 지웠다를 반복하고 있는 나.

이 모든 것이 인간의 본능, 호르몬의 영향이었다니.
냉큼 나를 지배하는 호르몬에 복종하기로 한다.

오늘은 최고 속도를 기록하며 친구 집에 도착했다. 친구들과 함께 걸으며 오늘은 또 어떤 것을, 어떤 생각을 채집하게 될지 조금은 설레는 마음으로 벨을 누른다.

2023년 11월 6일 월요일   산책 244일 차
                        총 걸음 7,135보
                        총 거리 4.6km

산책을 시작하고 나서, 안전안내문자에도 민감해졌다. 어제 밤새 비가 내리더니 기온이 뚝 떨어졌고, 오늘은 강풍주의보가 발효됐다.

'간판 등 부착물 추락, 수목 또는 구조물 전도 사고에 유의하시고….'

문자를 바라보다, 조금 곤란하다는 생각을 한다. 산을 타고 뱅글뱅글 도는 도로를 운전해야 할 때 만나는 '낙석 주의'만큼이나 곤란하다. 이미 바닥에 떨어져 있는 돌이라면 몰라도, 내 머리 위에서 떨어질 돌을, 간판을, 나는 어떻게 주의해야 하는 걸까.

뜻밖의 일과 자주 마주치는 것은 그 일의 앞뒤를 깊이 생각하지 않았다는 증거일 뿐, 이라고 어떤 소설가가 말했다.*

* 엄마를 부탁해_신경숙_창비(2008)

그 책을 처음 읽었을 때의 나는, '일이 이렇게 될 줄 몰랐어' 라고 말하는 사람들을 이해하기 어려웠던 시절을 살고 있었다. 왜 몰랐지? 일이 내 뜻대로만, 좋은 쪽으로만 흘러가는 경우가 더 드물 것 같은데, 라고 생각했던 것 같다.

나는 걱정이 많고 불안도 많은 사람이라, 무슨 일을 하든 최악의 수를 염두에 둔다. 그래서 더 꼼꼼하게 계획을 세우는 편이지만, '이렇게 되면 어쩌지, 저렇게 되면 어쩌지.' 그런 생각에 갇혀 시작도 해 보기 전에 지칠 때도 많다. 그리고 그럴 때마다 어김없이 떠오르는 버나드 쇼의 묘비명.

갈팡질팡하다 내 이럴 줄 알았지.

'예스맨'이라는 영화가 있다. 나만큼이나 걱정 많은 영화 속 주인공 남자는 'No!'를 입에 달고 사는 부정적이고 냉소적인 사람이었지만, 어떤 사건을 계기로 앞으로는 모든 일에 'YES!'를 외치기로 결심한다. 누가 돈을 달라고 해도 예스, 길거리에서 무언가를 파는 사람들 말에도 무조건 예스, 상대가 누구든 만나자고 하면 다 예스. 그렇게 평범했던 주인공의 삶이 예상치 못한 곳으로 흘러가면서 펼쳐지는 짐 캐리 주연의 좌충우돌 코미디 영화. 그 영화를 보고 나서 나도 한번 해 볼까, 라는 마음을 약 3분 정도 가졌다가 스팸 문자를 받고 바로, '역시 난 틀렸어.' 포기했던 기억이 난다. 코미디 영화니 모든 상황이 극적이고 과장된 건 맞지만, 그래도 기억에 남는 대사가 있었다.

'세상은 거대한 놀이터인데, 어른이 되어 가면서 모두 그걸 잊어버리지.'

갈팡질팡하다 내 이럴 줄 알았지. 그런 생각을 자주 하게 되면서, 뜻밖의 일을 염두에 두지 않고 일단 무슨 일이든 낙관적인 마음으로 저질러 보는 사람들을 유심히 바라보게 됐다. '아, 역시 낙관적인 마음만으로는 안 되는 일도 많지'라는 생각이 들 때도 많았지만, 뜻밖의 행운을 만나는 사람들도 보게 됐다. '뜻밖의 일'에는 나쁜 일만 있는 것도 아니구나, 라는 생각을 그때 처음 했던 것 같다. 나는 뜻밖의 일을 왜 항상 나쁜 쪽으로만 생각했을까.

어차피 내가 깊이 생각하고 아무리 경우의 수를 끝없이 따진다 한들, 내 머리 위로 떨어질 낙석이나 간판까지는 피할 수 없을 것이다. 아예 문을 잠그고 아무 데도 나가지 않는 한.

현관문을 열고 산책을 나왔다.
밤새 비가 많이 오고 바람도 많이 불어서인지, 산책로에 떨어져 있는 비에 젖은 낙엽들이 눈에 들어온다. 예쁘다, 라는 생각을 한다. 급격히 떨어진 기온에 여름내 소담하게 피어나 산책길 큰 즐거움이 되어 주었던 수국들이 말라비틀어져 마치 커다란 솔방울처럼 변해 버렸는데, 그 모습도 어쩐지 기이한 듯 아름답다.

타고난 성격 탓에 나는 아마도 영화 속 예스맨처럼 되진 못할 것이다. 여전히 깊이 생각할 것이며, 여전히 주저할 것이며, 여전히 나의 뇌는 제멋대로 무슨 일에서든 경우의 수를 따지고 있을 것이다. '뜻밖의 일과 자주 마주치는 것은 그 일의 앞뒤를 깊이 생각하지 않았다는 증거일 뿐.' 여전히 나는 그 말에 동의하는 사람으로 남을 것이다.

하지만 깊이 생각해 봄에 있어, 그 뜻밖의 일에 최악의 수만을 떠올리진 않으려 한다. 그 뜻밖의 일에, 오늘 산책길 나에게 아름다움을 선물했던 말라 버린 수국과 비에 젖은 낙엽들도 조심스레 끼워 넣어 보려 한다. 어차피 낙석은 내가 피할 수 없는 일이니, 아예 문을 잠그고 아무 데도 나갈 수 없는 사람에서는 조금 벗어나 보려 한다.

세상은 거대한 놀이터인데,
나는 그것을 너무 오래 잊고 살아온 것만 같다.

겨 울

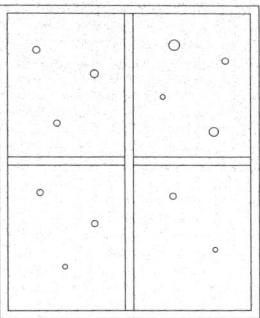

잘린 커다란 나무 둥치 위로
소복이 내려앉은 눈을 본다.
수북이 쌓인 낙엽을 덮고 있던 눈들이 얼어
이따금 바람에 날린다.

베란다에 널어놓은 빨래는 너무 차서,
말랐는지 안 말랐는지를 모르겠다.

2023년 11월 8일 수요일   산책 246일 차
총 걸음 10,484보
총 거리 7.1km

최저 기온 0도.
따뜻하게 입고 나가라고 녹두에게 문자가 왔다. 이제 11월 초인데, 벌써 0도라니. 나는 아직 마음의 준비가 되지 않았는데, 벌써 겨울이 와 버린 기분이 든다.

올가을, 비료를 잊었다.
한여름과 한겨울에는 비료를 줄 수 없다. 봄이 오면 여름내 성장에 도움이 되라고 비료를 주고, 가을이 오면 추운 겨울 잘 이겨 내라고 비료를 줘야 하는데, 올가을 비료를 잊었다. 가을이 너무 짧아서였나. 아니면 실외 식물들과 정분이 나서, 나의 실내 식물들에겐 소홀해져 버린 걸까.

미안한 마음이 들어, 오늘은 더 정성을 다해 물을 준다. 그러면서도 머릿속으론 오늘의 산책 코스를 계획하고 있다.

미안해.
내가 지금 좀 많이 빠져 있나 봐, 밖의 애들한테.

0도의 별빛 나무가 궁금해,

오늘은 성북천으로 향해 볼까 한다.

2023년 11월 9일 목요일   산책 247일 차

총 걸음 9,267보

총 거리 6.1km

신호등 없는 어느 아파트 앞 횡단보도를 건너려는데, 어디선가 빵! 신경질적인 자동차 경적이 울린다. 나는 아직 발을 내딛지도 않았는데, 이거 나한테 한 건가? 잠시 후 횡단보도 한가운데로 진입한 자동차의 조수석 창문이 열린다. 일부러 속도를 줄인 차 안에서 강아지를 안고 있는 젊은 여자가 나를 노려본다. 운전석의 젊은 남자도 부러 고개를 숙여 나를 째려보더니, 이내 속도를 올려 횡 하고 지나간다.

허허.
나는 무엇을 잘못하여,
두 사람의 미움을 받고 있는 것인가.

운전을 시작한 지는 20년도 넘었지만, 운전하는 것을 그다지 좋아하지 않는다. 아주 늦은 시간에 돌아와야 하는 날이나 엄마 집에 갈 때처럼 짐이 많은 날이 아니면 보통은 대중교통을 이용하고, 요즘은 또 웬만한 거리는 걸어 다닌다. 운전 자체를 좋아하는 편도 아니지만, 운전을 할 때 무례한

사람을 만날 확률이 크게 높아져 더 쉬이 피로해지기 때문이다.

가끔은 이런 생각도 든다. 무례한 운전을 잘하는 운전이라고 생각하는 사람들이 많은 걸까. 올림픽 대로에 접어들기 위해 기다리다 보면, 옆 차선에서 휭 하고 들려가 저 앞에서 끼어드는 차들을 본다. 횡단보도 빨간불이 정차해 있는데 뒤에서 빵빵거리는 차를 만난다. 깜빡이를 켜면 오히려 빵! 경적을 울리며 속도를 높여 달려오는 뒤차를 본다. 아슬아슬 칼치기로 끼어들기를 반복하는 차들을 볼 때도 그런 생각이 든다. 무례함을 오히려 잘함이라고 생각하는 건 아닐까.

무례한 행동을 하면서, 타인보다 자신이 더 높은 곳에 있는 사람, 더 가치 있는 사람, 더 특별한 대접을 받아야 마땅한 사람으로 인식하는 사람들처럼 말이다.

요즘은 '낭만적 은둔의 역사'라는 책을 읽고 있다. 혼자만의 시간을 필요로 하고, 혼자만의 시간을 즐기는 사람들의 이야기를 담은 이 책은 '산책'에서 출발한다. 오늘 마침 이 책에 실린 영국의 시인 존 클레어가 1820년에 쓴 시를 읽다가 나왔다.

이제 만종이
하루의 마지막을 울려
나를 노동에서 풀려나게 하니
고독이여, 나 그대와 걸으리

(…)

아 그대 위로를 주는 고독이여
허영심 강한 이들로부터, 무례한 이들로부터

그 시대에도 허영심이 강한 이들이 무례했구나, 싶어 좀 웃음이 났다. 그 시대에도 누군가는 또 무례한 이들을 피해 고독한 산책을 즐겼구나, 싶어 조금 안심도 됐다.

고독한 산책을 즐기고 싶었으나,
무례한 이를 만나 마음이 조금 찌그러졌다.

집으로 돌아가 다시,
고독을 즐기는 200년 전 사람들과 함께 산책을 해야겠다.

2023년 11월 10일 금요일　　산책 248일 차

총 걸음 11,547보

총 거리 7.9km

마트에서 나도 모르게 호빵을 집어 들었다.
날이 추워지니, 나의 무의식이 나의 손을 지버해 호빵을 집어 들게 한 기분이랄까.

인간에게 음식이란 무엇일까.
나는 사실 한 알만 먹어도 배가 부르는 알약이 빨리 나왔으면 좋겠다고 생각하는 사람이긴 하다. 맛있는 음식은 한 달에 한두 번 친구들 만났을 때 먹으면 충분하고, 대체로 일상에서의 식사는 무척 귀찮아하는 사람이다. 할 일은 많고 마음은 급한데, 왜 배는 고픈가. 어제도 그렇게 많이 먹었는데, 왜 오늘 또 배가 고픈가. 인간은 정말 비효율적이구나, 라는 생각을 할 때가 많다. 그럼에도 나는 오늘 호빵을 집어 들었다. 인간에게 음식이란 무엇일까.

이런 나조차도,
내가 여름을 기다리는 이유는 수박 때문인 것 같고,
내가 겨울을 기다리는 이유는 호빵 때문인 것 같다.

적어도 산책 전의 나는 그랬다. 밖에 나갈 일이 별로 없으니 계절을 별로 타지 않아서, 나에게 여름은 수박이고 겨울은 호빵이었다. 수박을 썰어 냉장고에 넣어 두는 일이 즐겁고, 호빵을 사서 냉동고에 채워 넣고 나면, 안 먹어도 배가 부른 기분이 든다.

'수박'이라는 일본 드라마가 있다. 수박이란 제목 때문에 내가 떠올랐다며 노랑이 추천해 준 드라마인데(내 지인들은 수박과 관련된 것을 보면 항상 나를 먼저 떠올린다), 제목부터 마음에 쏙 들었건만, 출연 배우들을 보니 안 볼 수가 없었다. 내가 무척 좋아했던 '카모메 식당', '안경' 등으로 유명한 오기가미 나오코 감독 사단의 배우들이 대거 출연했다. 드라마의 전체적인 분위기도 그 영화들과 흡사해, 한동안 푹 빠져 봤다.

그 드라마에 이런 에피소드가 있다. 그 화 내내 뽁뽁이를 터트리고 있던 주인공이 머릿속으로 말한다. '저 푹 빠졌어요. 뽁뽁이 터트리는 데. 그랬는데 갑자기 질렸어요. 어쩌면 예전의 엄마도 아빠한테 푹 빠진 거 아니었을까. 그 후에 내가 태어나고 나한테 푹 빠지고 그러다 갑자기 질려 버린 걸지도 모르겠어요.' 자신이 어렸을 때 집을 나가 버린 엄마를 떠올리고 있는 주인공은 요즘 뽁뽁이 대신 추리 소설에 푹 빠져 있다. 그 사실을 고백하며 다시 머릿속으로 엄마에게 말한다.

'엄마도 어떤 재밌는 일에 푹 빠져 있으면 좋겠어요. 한 가지가 아니어도 괜찮으니까, 내일도 모레도 살아 있고 싶어지게 하는, 그것만으로도 행복해지는 일에 푹 빠져 있으면 좋겠어요.'

내일도 모레도 살아 있고 싶어지게 하는.

어르신들이 그런 말을 한다. '우리 손주 대학 갈 때까지는 살아야지.' 그러다 또 손주가 대학에 가면, '우리 손주 결혼할 때까지는.' 그러다 또 손주가 결혼을 하면, '우리 손주 아이 낳을 때까지는.' 그 태어난 아이가 또 학교 갈 때까지, 대학에 갈 때까지, 결혼할 때까지, 아이 낳을 때까지. 그렇게 계속 반복되는 삶에 대한 열망. 나는 결혼도 하지 않았고, 손주는커녕 자식도 없는데도, 그 무한 반복되는 삶에 대한 열망을 떠올린다.

한 가지가 아니어도 괜찮으니까,
내일도 모레도 살아 있고 싶어지게 하는.

인간에겐 언제나 그것이 필요하고,
음식 또한 인간에게 그중 하나가 아닐까, 라는 생각이 들어서였다.

내일은 호빵을 먹어야지. 봄이 오면 냉이된장국을 먹어야지. 여름이 오면 수박을 먹어야지. 가을이 오면 햇사과가 나오겠구나. 겨울엔 또 호빵이지. 무한 반복되는, 내일도 모레도 살아 있고 싶어지게 하는 이유.

꼭 1년을 걸어 보자 생각했다.
겨울이 오니, 내년 봄의 공원이 벌써 궁금해진다.
여름의 푸르렀던 나무도,
가을의 청명했던 하늘도 벌써 그리워진다.

1년이 지난 후에도 나는 걷고 있을까.

나에게 산책이란 것이 또,
무한 반복되는 내일도 모레도 살아 있고 싶어지게 하는
하나의 이유가 되어 줄 수 있을지, 문득 궁금해진다.

2023년 11월 17일 금요일　　　산책 255일 차

총 걸음 9,477보

총 거리 6.4km

손목 위로 무언가 톡, 하고 떨어졌다.

비가 오나 했는데,
투명한 결정체가 패딩 위에서 물방울로 변해 간다.
잠시 후 톡, 톡, 패딩 위로 점점이 얼룩이 늘어난다.

첫눈인 건가.
밖에서 첫눈을 보다니.

이게 얼마 만인지 모르겠다, 라고 생각하고 나니,
처음일지도 모르겠다는 생각도 든다.

걷고 걷다 보니 어느덧 나는,
눈을 맞으며 걷고 있는 사람이 되었구나.

2023년 11월 19일 일요일　　산책 257일 차
　　　　　　　　　　　　　총 걸음 901보
　　　　　　　　　　　　　총 거리 0.62km

엄마 집에 갔더니 섞박지와 동치미를 해 놓으셨다.
보리 언니 몫까지 한 보따리를 싸서 집으로 돌아온다.

내일은 산책길 고구마를 사 와야겠다고 생각한다.
정말 겨울이 온 기분이다.

할머니 집의 아랫목을 떠올린다.
추운 겨울, 골목길에서 다른 아이들이 눈사람을 만들고 눈싸움을 하는 동안에도 나는 방 안에만 있는 아이였다. 아랫목에 자리를 잡고 앉아 무거운 이불을 어깨에 덮고 고구마를 먹고 있으면, 할머니가 2층 옥상에 있는 장독대에서 살얼음이 떠 있는 동치미를 꺼내 와 썰어 주셨다. 눈 쌓인 장독대와 옆집에서 넘어온 석류나무 가지를 떠올린다. 할머니를 생각할 때면, 늘 가장 먼저 떠오르는 풍경이다. 석류나무와 장독대가 있던 할머니네 옥상. 그 반대도 마찬가지다. 석류나무와 장독대를 보면 할머니를 떠올린다.

서울에선 석류나무를 보기 어렵고 장독대는 더더욱 만나기 어려워. 할머니를 떠올리는 것도 꽤 오랜만이구나 싶다. 나는 고등학교 1학년 때 서울로 전학을 왔고, 이듬해 광주에 계시던 할머니가 돌아가셨다. 매일매일 할머니 생각을 하던 시절이 있었다. 지금은 이렇게 아주 가끔씩만 할머니를 떠올리고 있다. 시간이 흐르고 있다.

이제 우리 엄마 나이가 그때의 할머니 나이보다도 더 많겠구나. "이건 다 너 때문에 하는 거야. 언니랑 오빠네는 잘 안 먹어." 엄마는 올해도 어김없이 나를 위해 섞박지와 동치미를 담그셨다.

큰 눈이 내려 동네 아이들이 모두 골목길로 뛰어나올 때도 늘 방 안에만 있던 아이가, 어느새 이렇게 자라 눈을 맞으며 산책을 하고 있다. 시간이 흐르고 있다는 걸 알지만, 이 섞박지와 동치미는 계속 계속 먹고 싶다는 생각을 한다.

내일은 꼭 고구마를 사 와야겠다.

2023년 11월 20일 월요일   산책 258일 차

총 걸음 10,809보

총 거리 7.4km

요 며칠 어린 시절의 기억 속에 갇혀 있다.
산책길의 차가운 공기 사이로 아주 오래된 말들이 떠돌아다니고 있다. 그러다 오늘 내 머리에 잡힌 단어는 '사악하다'였다.

초등학생 때였던 것 같다.
어떤 친구가 나에게 '사악하네?'라고 말했다. 그 말이 왜 나왔는지는 기억나지 않는다. 그런데 그 말 후에도 웃으며 또 다른 얘길 하고 있는 친구의 표정을 봐선, 별 대단치 않은 상황에서 나온 말인 것 같긴 하다. 아직 어린아이들이었으니, 그 친구는 그저 어디서 들은 말을 한번 써먹어 보고 싶었는지도 모른다.

그런데 나는 가슴이 두근거렸다. 애써 아무렇지 않은 척하곤 집으로 돌아왔지만, 그 어린 나이에 밤새 뒤척였던 기억이 난다. '사악하다'라는 단어를 현실에서 음성으로 들어 본 적이 없었다. 그 단어는 책 안에만 있는 단어였고, 책 속에서 그 단어는 너무 무시무시한 단어였기에, 밤새 가슴이 두근거려 뒤척였던 기억.

지금에 와 생각해 봐도, 그 아이가 나에게 상처 주려고 했던 말은 아닌 것 같다. 그저 그때 그 아이가 생각하는 '사악하다'라는 말의 뜻과 내가 아는 '사악하다'라는 단어의 의미가 조금 달랐을 뿐.

요즘 이런 생각을 많이 한다. 사람과 사람 사이에서 일어나는 대부분의 갈등과 분쟁은, 같은 단어를 서로 다른 의미로 사용하기 때문은 아닐까.

사랑한다, 라는 말도 너와 나의 사용법이 다르다. 네가 생각하는 사랑과 내가 생각하는 사랑은 너무 다른 모양을 갖고 있다.

언젠가 이십 대 젊은 학생과 대화를 하다, 그가 "저는 비건을 혐오하거든요"라고 해 순간 당황했던 적이 있다. "뭘 혐오까지 해. 에너지 써 가면서." 그땐 그냥 그렇게 그 상황을 비켜 갔는데, 그가 왜 그런 말을 했는지 알 것도 같았다. 일단 내가 생각하는 비건과 그가 생각하는 비건도 서로 다른 의미이며, 그가 말하는 혐오와 내가 받아들인 혐오도 다른 뜻이구나, 생각됐다.

누군가 나에게 "작가님은 페미니스트인가요?"라고 물었다. 나는 되물었다. "당신이 말하는 페미니스트는 어떤 사람인가요?" 그와 나의 '페미니즘'에 대한 정의가 서로 다른 페이지에 있다면, 우리 사이엔 또 수많은 오해와 갈등이 일어날 것이 뻔했기 때문이었다.

뉴스와 멀리 지내도 인터넷에 접속만 하면, 메일을 체크하려 포털에 들어가기만 해도, 세상은 여전히 시끄럽고, 아니 어쩌면 점점 더 시끄러워지고 있는 것만 같다. 언젠가 심리학 박사님과 얘기를 나누던 중 박사님이, "실은 그렇게 폭력적인 병이 아닌데, 요즘은 조현병이란 말이 너무 오염이 돼서…"라며 말씀을 이어 가시는데, 나는 그 단어가 굉장히 인상적이었다. 오염.

자극적인 뉴스, 날을 세운 말들. 목소리가 크다고 그의 말이 다수의 의견인 것도 옳은 것도 아닌데, 수많은 시끄러움이 수많은 단어를 오염시키고 있는 것 같다는 생각을 한다.

그렇게 네가 생각하는 단어와 내가 생각하는 단어 사이에 틈이 생긴다. 한번 생긴 틈은 점점 더 벌어지기만 한다. 그렇게 미움이 생겨나고, 갈등이 발생하고, 분쟁이 일어나 세상은 조금씩 더 시끄러워진다.

틈, 이라는 단어가 이렇게 무서운 것이었나.

고요한 성북천을 걷는다.
날이 추워지니, 사람들이 부쩍 줄었다.

길은 고요한데, 마음이 시끄럽다.
수많은 단어가 내 머릿속을 떠돈다.

내 안에는 또 얼마나 많은 오염된 단어들이 떠돌고 있을지, 조심스럽게 한 단어 한 단어를 꺼내 살펴보며 또 걷는다.

2023년 11월 21일 화요일　　산책 259일 차

총 걸음 4,747보

총 거리 3.2km

오랜만에 서울숲 산책을 하니,
자연스레 나의 발걸음은 논 습지로 향한다.

당연한 얘기지만, 더 이상 논뷰는 없다.
이미 수확이 끝나, 마른 논 위로 볏짚이 널려 있다.

싱그러운 봄을 지나 푸르렀던 여름을 지나, 풍성했던 가을마저 저물어 가고, 제 할 일을 모두 끝마친 논은, 볏짚을 마지막 모습으로 남겨 둔 채 긴 겨울 동면에 들어갈 모양이다.

제 할 일을 모두 끝마친.
왠지 모르게 조금 부러운 마음이 든다. 그래서 더, 논뷰가 없는 논 습지 앞에서 오랜 시간을 서성인다.

그래도 가끔 올게.
제 할 일을 모두 끝마치고 겨울잠을 자는 너는 또 어떤 모습일지, 궁금하니까.

2023년 11월 23일 목요일   산책 26일 차

                                     총 걸음 12,052보

                                     총 거리 8.4km

'오늘 21시부터 서울 전역에 급격한 기온 하강이 예상되오니 가급적 외출을 삼가시고, 외출 시 방한용품 착용 등 보온에 유의하시기 바랍니다.'

얼마나 추워지려고 이런 문자가 오나 조금 겁이 나, 오늘은 꼭 낮 산책을 다녀와야겠다고 생각했다. 오랜만에 공원을 찾았으니, 화단을 살펴보려 발길을 옮긴다. 날이 추워져 빈 땅일 줄 알았는데, 꽃양배추가 잔뜩 심겨 있다. 영하 10도까지는 견디는 아이들이니 12월까지는 화단을 지켜 줄 수 있으려나.

잎을 떨궈 마른 가지만 남은 나무들이 늘어났다. 나무가 휑해지니 앙상한 가지 사이로 저 높이 지어 놓은 새 둥지들이 눈에 들어온다. 장욱진 작가의 '까치집'이란 그림을 떠올린다. 그림의 제목은 까치집인데, 나무 위로 커다란 말풍선 같은 동그라미가 그려져 있고, 그 동그라미 안에 집도 있고 산도 있고 나무도 있고 온 마을이 들어 있다. 까치들이 살

고 있는 마을인 걸까, 까치들이 바라보는 사람들 마을인 걸까. 답이 무엇인들 정겨워 좋아하는 그림이다.

마을, 이란 말을 좋아한다.

지난 책 '희한한 위로'에서 나의 마을에 대한 글을 썼다. 식물들이 가득하고, 내가 좋아하는 책과 영화가 있는, 그리고 내가 가장 힘든 순간에도 내 곁을 떠나지 않은 사람들이 있는 나의 마을에 대해.

나이를 먹을수록 지난 나의 삶이 모두 얼굴에 드러난다는 말이 있다. 나이를 먹을수록 지난 나의 삶이 모두 드러나는 곳은 또, 나의 마을이 아닐까.

지난 몇 년 동안 나의 마을에도 조금 변화가 생겼다. 떠나간 사람도 있고, 새로 들어온 사람도 있고, 무엇보다 마을이 조금 더 커진 기분이 든다. 작은 내 집 안에서만 맴돌던 나의 삶이 산책을 시작하곤 조금 더 확장된 기분이 들지만, 이건 또 나만의 생각일지 모른다.

오솔길 고양이에게 인사를 한다. 통, 통, 통, 가볍게 뛰어가는 까치에게도, 오래된 거목들에도, 오늘도 쪽 찐 머리로 뛰어가는 아주머니에게도, 밤의 할머니들에게도 '나 홀로 인사'를 건네고 있으니 말이다. 물론 나에게만 내적 친밀감이 형성된 일방적인 관계일지 모른다.

그럼에도 나의 마을, 적어도 내가 거니는 내 마을의 공간은 넓어진 기분이 들어, 내 머리 위로도 조금 더 커진 말풍선 같은 동그라미가 생긴다. 동그라미 안의 마을을 살펴보며, 나의 다음 발걸음이 향할 곳을 정한다.

오늘은 도심 쪽으로 내려가서 은행 앞 할아버지를 만나고 집으로 돌아갈까나.

2023년 11월 24일 금요일

산책 262일 차

총 걸음 13,783보

총 거리 9.2km

내가 처음 이 동네로 이사를 왔던 5년 전에도, 할아버지는 이곳에 계셨다.

두 개의 ATM 기계가 있는 어느 은행 365 앞 바닥에 과일이나 야채, 어떤 날엔 낡은 운동화와 슬리퍼까지 이런저런 물건을 깔아 놓고 팔고 계셨다. 지하철역 근처인 번화가지만, 좁은 인도에서 넓은 인도로 변하는 딱 그 모서리에 위치한 은행이라 행인들의 이동에 큰 불편을 줄 정도는 아니었지만, 그래도 이런 좌판 노점은 불법이긴 할 텐데, 할아버지는 언제나 그 자리에 계셨다.

산책을 시작하고 나서 할아버지를 자주 만난다. 어느 더운 여름날, 잠시 더위를 피해 은행 안으로 들어가 꼿꼿하게 서서 바깥을 지켜보고 계신 할아버지를 보고, 냉난방이 되는 은행 앞에서 장사를 하시니 여기가 명당이긴 하겠구나, 라는 생각을 했다. 좌판에서 5미터 정도 떨어진 곳(역시 행인들의 이동에 불편을 주지 않는 가로등 옆 골목 구석)에 세워진, 폐지가 잔뜩 실려 있는 리어카도 할아버지의 것이었다. 리어카 아래쪽에는 주머니가 여럿 달려 있는데, 주머니 위로 드라이버나 가위 같은 각종 연장이 튀어나와 있었다. 아주 더운 날, 몹시 추운 날, 잠시 은행 안에서 더위와 추위를 피할 때를 제외하곤 할아버지는 언제나 무언가를 하고 계셨다. 은행 앞에 앉아 이런저런 물건을 고치고 계시거나, 리어카의 폐지를 정리하고 계시거나, 어떤 날엔 빗자루와 쓰레받기를 들고 인도를 청소하고 계셨다.

할아버지의 표정은 거리에서 만나는 그 누구보다도 다부지고 딴딴하다. 마른 몸이지만 할아버지의 팔과 손에서도 꼿꼿함과 딴딴함이 느껴진다. 거리에서, 평생 누구에게도 아쉬운 소리 한번 하지 않고, 오로지 내 힘으로 살아온 듯한 삶의 이력이 고스란히 드러나 있는 것만 같다. 아무리 나이를 먹어도, 나 하나 정도는, 내 가솔 정도는 내 힘으로 지켜낼 수 있다는 자신감이 할아버지의 그 다부진 입매에 담겨 있는 것만 같다.

5년째 할아버지를 이 길에서 만난다. 할아버지가 언제부터 이곳에 계셨는지도, 할아버지의 사정과 속내에 대해서도, 나는 물론 아무것도 모른다. 하지만 이미 삶의 터전이 돼 버린 이곳에서 누구도 할아버지를 쉬이 쫓을 순 없을 것 같다는 생각은 한다. 할아버지를 뵐 때마다 나의 젊음이 어쩐지 무색하게 느껴지기도 한다.

오늘은 컴퓨터 본체를 분해하고 계신다.
어딘가에서 주워 온 것을 부품별로 나눠 고물상에라도 팔려고 하시는 걸까. 핏줄이 튀어나와 있는 단단한 할아버지의 손이 오늘도 쉬지 않고 움직이고 있다.

2023년 11월 27일 월요일　　　산책 265일 차

총 걸음 11,643보

총 거리 8.1km

동네마다 아파트 단지마다 길고양이를 대하는 마음들이 조금씩 다른 것 같다. 어떤 동네엔 길고양이들을 위한 물그릇과 밥그릇이 곳곳에 배치돼 있는데, 다들 각자의 사정이 있는 것인지 어떤 아파트 단지로 들어서면 '고양이 먹이 주지 마세요!!!'라는 문구가 느낌표까지 잔뜩 찍혀 적혀 있다.

우리 동네 공원엔 구청에서 마련해 놓은 듯한 지붕까지 제대로 갖춰진 고양이 집 같은 것이 여러 군데 설치돼 있다. 캣맘들이 그곳에 물과 먹이를 두고 가는 것 같고, 비 오는 날이면 고양이들이 그 안에 들어가 휴식을 취하는 것도 같다. 그래서인지 동네 골목에서 만나는 고양이들보다 공원의 고양이들은 털도 고르고 포동포동한 것이 건강해 보인다. 동네에서 앙상한 고양이를 만날 때면, 용기를 내 강을 건너 저쪽으로 올라가 보렴, 공원으로 가는 길을 안내해 주고 싶은 마음이 들 정도다.

오늘은 공원을 걷는데 구청에서 걸어 놓은 현수막이 눈에 들어온다. '길고양이는 우리의 이웃이며 소중한 생명입니다'라고 크게 적힌 현수막에는 동물 학대 행위는 처벌의 대상이라는 안내가 적혀 있었는데, 내 눈은 맨 아래 '성동구 여성가족과'라는 문구에 머문다. 그저 편의에 따라 업무를 분담한 걸지도 모르지만, 길고양이를 '여성가족과'에서 관리한다는 것이 어쩐지 마음을 따뜻하게 한다.

가족. 가족 같은.
마냥 따뜻한 말이 아니라는 것을 안다.
가족이니까.
어떤 순간에는 세상에서 가장 폭력적인 말이 될 수 있다는 것도 안다.

그럼에도 나는 옛날 사람이라 그런 것인지, 아직은 다수의 인간에 대한 믿음을 놓고 싶지 않은 것인지, 오늘은 그 말을 따뜻하게 받아들이기로 한다. 소수의 인간이 오염시킨 단어라 인지하려 애쓰며, 가족이란 말을 따뜻함으로 남겨 둔다.

캣맘이 두고 간 먹이를 먹고 있는 고양이가 눈에 들어온다. 날이 점점 추워진다. 더 잘 먹고, 더 조심하고, 올겨울도 잘 이겨 내렴.

2023년 11월 28일 화요일   산책 266일 차
총 걸음 13,591보
총 거리 9.3km

큰 공원에서 걸을 만큼 걷고, 내가 좋아하는 작은 공원으로 이동해 초입에 들어서는 순간, 가로등 불이 켜진다. 나도 모르게 시계를 본다.

5시 29분. 해가 정말 많이 짧아졌구나.

나의 머릿속에서 밤의 공원은 어쩐지 좀 스산하고 무서워, 공원에는 해가 있는 낮 시간에만 갔다. 오늘도 비슷한 시간에 집에서 나와, 비슷한 시간에 이곳에 이른 것 같은데, 오늘은 전혀 다른 공원이 나를 맞이한다. 아직 완전히 깜깜해지진 않았지만, 조금씩 어두워져 가는 코발트색 하늘 아래 켜진 가로등 조명이, 매일 오는 공원도 처음 와 본 장소처럼 낯설게 만든다.

같은 장소도, 계절에 따라 색과 날씨에 따라 전혀 다른 곳이 된다. 처음 가는 길을 걷는 것처럼, 발걸음이 느려진다. 새로운 풍경을 눈에 담으며 걷는 시간이 고요하고 즐겁다.

2023년 11월 30일 목요일   산책 268일 차
총 걸음 13,637보
총 거리 9.5km

영하의 날씨가 됐다.
최고 기온이 0도, 최저 기온은 -7도까지 내려갔다.

춥다, 너무 춥다.
영상과 영하는 확실히 다르다는 걸 깨닫는다.

기모가 빵빵하게 들어간 산책용 겨울 바지를 주문했다. 지나가는 사람들을 바라보다, 귀를 덮는 모자도 사야겠다 결심했다.

성북천 별빛 나무의 레이저 불빛이 꺼졌다. 하절기에만 운영한다는 안내가 쓰여 있지만, 가을이 와도 계속 켜져 있기에 언제 꺼지나 궁금했는데, 영하의 날씨가 되자 불빛이 꺼졌다. 나무의 잎들도 어느덧 다 졌다. 천과 산책로 사이의 무성했던 풀들도 모두 사라졌다. 조금 쓸쓸한 것도 같지만, 익숙해져야 할 겨울의 성북천 풍경 속을 거니는데, 닌자에게 문자가 왔다.

'내일도 춥대. 따뜻하게 다녀!'

기모 바지 두 개를 주문했다고 보고하며, '새로운 장비 계속 필요'라고 답을 했더니, 닌자가 말한다.

'태어나 첫 겨울인 것처럼!'

자기 말에 닌자도 터졌고, 나도 터졌다. 문자 창에 가득한 'ㅋ' 사이로 내가 말한다.

그러네. 첫 겨울이나 다름없네.
겨울에 나가 본 적이 없으니!

2023년 12월 1일 금요일   산책 269일 차
                         총 걸음 12,726보
                         총 거리 8.8km

오늘은 5시 23분, 공원 가로등이 켜졌다.
이 시간은, 누가 결정하는 걸까.

요즘은 근처 조도에 따라 자동으로 결정될 확률이 높을 것 같긴 하지만, 편한 건 늘 또 조금은 멋없게 느껴져 괜히 그 뒤에 있을 사람을 상상해 본다. 같은 공원의 가로등도 구역별로 조금씩 시차를 두고 켜지는 걸 보면서 그 상상을 조금 더 구체화해 본다. 상황실에서… 도 좀 재미없으니, 저 가로등 안에서 요정 같은 작은 사람들이 우왕좌왕 매일매일 일생일대의 결정을 하듯 오늘의 가로등 켜는 시간을 두고 고심하고 토론하고 결정하는 상상을 해 본다. 저쪽이 먼저 켜졌어! 우리도 빨리빨리!

폴란드, 크로아티아, 벨라루스 같은 유럽 나라의 일부 도시엔 아직도 가스등 켜는 직업이 남아 있다고 하던데, 옛날 사람처럼 모자와 망토를 제대로 갖춘 차림으로 가스등을 켜고 있는 사람의 사진이 인상적이었다. 그들은 또 가스

등 켜는 시간을 어떻게 정하려나. 갑자기 급한 일이 생겨 그 타이밍을 놓치게 될 때면, 누가 대신해 줄 사람은 늘 있을까. 그들 사이에도 비상 연락망 같은 것이 있으려나. 옛날에는 그들이 마을을 순찰하는 경비원 임무도 함께했다고 하던데, 모든 것이 편해지고 있지만 그래서 더 사람과 사람 사이는 조금씩 단절되고 있는 듯한 기분도 든다.

오늘 산책을 하며 문득 깨달았다. 나는 지금 노랑이 추천해 준 슬링백을 메고, 보리 언니가 준 에어팟을 끼고, 뾰족이가 준 애플워치를 차고, 빨강이 떠 준 캐시미어 넥워머에, 긍정이가 짜 준 핸드워머를 하고 산책하고 있다는 것을. 아, 내 슬링백 안에는 마리 언니가 여행 가서 사 온 아주 가볍고 접으면 아기 주먹만 해지는 장바구니도 있지.

해가 짧아진 추운 겨울.
홀로 걷고 있지만,
어쩐지 나의 마을과 함께 걷고 있는 것만 같아 든든하다.

2023년 12월 11일 월요일   산책 279일 차
                          총 걸음 12,403보
                          총 거리 8.7km

오후 5시 7분.
성북천의 굴다리를 통과하는데 가로등 불이 켜진다.

청계천 쪽으로 접어드니, 평소에 자주 만나는 왜가리님보다도 훨씬 몸집이 큰 중대백로님이 우아하게 서 계신다. 정말 부리가 노란색이 됐네? 청계천에 있는 안내판에 따르면 중대백로님의 부리는 여름철엔 검은색, 겨울철엔 노란색이라고 한다. 평소와는 다른 부리 색이라, 처음 뵙는 것 같은 기분이 든다. 중대백로님은 몸집도 크지만, 눈도 옆으로 쭉 찢어져 어찌나 매서운지, 나도 모르게 높임말이 나온다. 영하의 날씨가 계속되고 있어, 물속에 발을 담근 채 정지 화면으로 서 계신 중대백로님을 보며, 잠시 궁금해한다.

발, 안 시리세요?

이 또한 인간의 관점이려나. 조금 더 걸으니, 가지만 남은 앙상한 거목에 엄청 큰 하얀 꽃들이 주렁주렁 달려 있다.

뭐지 싶어 좀 가까이 다가가니 처음 보는 듯한 하얀 새다. 동그랗게 몸을 말고 가지 위에서 쉬고 있는 새들의 모습이 정말 소담한 꽃들 같다. 처음 보는 그 광경이 신기해 사진을 찍어 단체방에 올렸더니, 뾰족이가 말한다.

'방금 도착했나 봐. 러시아에서.'

'ㅋ'을 여러 개 찍어 답을 보내고 나니, 그냥 웃긴 말도 아니었구나 싶다. 청계천은 철새 도래지이니, 겨울 철새들이 나름 따뜻한 남쪽 나라로 오고 있는 모양이다.

반가워.
여기는 잠시 쉬어 가는 정거장이니?
아니면 겨우내 여기서 머물 거니?

잠시여도 좋고, 겨우내여도 좋으니, 또 만나자.

2023년 12월 14일 목요일   산책 282일 차

총 걸음 13,467보

총 거리 9.2km

장욱진 회고전을 보고 왔다.

장욱진 작가의 그림을 가장 많이 모은 전시라고 하더니, 내가 좋아하는 '까치집'도 있고, 60년 동안 행방을 알 수 없어 소문으로만 존재하던 '가족'이란 그림도 전시돼 있었다. '가족'은 작가가 무척 아끼던 작품이었기에 팔 생각이 없었다고 한다. 하지만 막내딸 바이올린을 사 주기 위해 어쩔 수 없이 한 일본인 사업가에게 팔게 됐는데, 그 후 60년 동안 그 그림은 세상에 드러나지 않았다.

한국에서 장욱진 전시를 준비할 때마다 그 사업가에게도 그 사업가가 고인이 된 후 그의 아들에게도 여러 번 연락을 취했으나, 그 그림은 찾을 수 없다는 답변만 돌아왔다고 한다. 그런데 이번 전시를 준비하던 팀이 사정 끝에 고인이 된 일본인 사업가의 아틀리에를 직접 방문하게 되었고, 창고 안을 뒤지던 중 어느 구석진 곳에 모로 세워져 있던 이 그림을 10분 만에 찾아내게 되었는데, 고인의 유족들도, 이 그림을 찾아낸 학예 연구사도 모두 놀랐다고 한다. 엄청 큰 아틀리에였고, 관리가 안 되는 것인지 엉망으로 어질러져 있고, 곳곳에 그림들이 아무렇게나 놓여 있었는데, 학예 연구사는 내가 마치 이 그림이 어디에 있는지 알고 있었던 것처럼 곧장 그곳으로 향했다는 거다.

마치, 그림 스스로가 세상에 나올 때를 결정한 것처럼 느껴지는 재밌는 이야기라, 그 그림 앞에서 한참을 머물렀다.

오래전 어떤 뮤지션이 했던 이야기도 떠오른다. 그는 내가 만들고 내가 부른 노래라 할지라도, 그 노래의 운명은 내가 결정하는 게 아닌 것 같다고 했다. 이건 정말 잘될 수밖에 없을 거라고 생각했던 노래는 잊히고, 별 기대 없이 만들었던 노래가 몇 년 후 갑자기 어떠한 계기로 세상에 널리 알려지기도 하는데, 그건 정말 뮤지션의 몫이 아니라는 거다. 그 노래의 운명, 그 노래의 몫일 뿐.

예술계에는 그와 비슷한 이야기들이 참 많다. 평생에 걸쳐 역작을 썼다 생각했으나 세상의 응답을 받지 못했건만, 어느 날 가볍게 쓴 단편 하나가 그 작가의 인생을 바꿨다는 소설 같은 이야기가 언제나 존재하는 세계가 예술의 세계다. 무엇이 작품의 운명을 결정하는지는 아무도 모른다. 물론 결국엔 좋은 작품이 인정받는 경우가 더 많긴 하겠지만,

좋은 작품이라고 또 꼭 모두 언제나 인정받는 것도 아니다. 고흐의 작품들처럼 작가의 사후에나 인정받는 작품도, 영원히 세상에 알려지지 못한 채 묻혀 버린 좋은 작품들도 많을 것이다. 예술의 세계는 1+1이 당연히 2가 되는 명쾌한 세계가 아니다. 투자한 시간과 노력만큼 정확하게 보상이 배분되는 세계도, 작가나 평론가들이 예측하는 그대로 돌아가는 세계도 아니다.

예측 불가능한 불확실성은 동전의 양면과 같아서, 바로 그런 의외성 때문에 또 많은 사람들이 예술을 꿈꾼다. '나도, 언젠가는.' 그런 꿈을 꾸며 그림을 그리고 음악을 만들고 책을 쓴다. 그리고 또 그래서 많은 사람들이 꿈을 잃기도 한다. 아무리 애를 써도 나에게는 찾아오지 않는 그 '언젠가는'에 지쳐 돌아선다. 돌아서 또 다른 길로 쭉 가면 그만일 텐데, 그렇지 못하는 경우도 허다하다. 다시 한번 꿈을 꾸고, 또 다시 한번 꿈을 잃고, 그 짓을 수도 없이 반복하는 예술가들이 세상엔 참 많을 거다. 나도 그중 하나다. 그래서 작가와 작품은 또, 늘 애증의 관계일 수밖에 없는지도 모르겠다.

집으로 돌아오는 길, 비가 온다.
예보가 있어 우산을 들고나오긴 했으나, 운동화 코가 조금씩 겨울비에 젖어 간다. 조금씩 질척해져 오는 운동화에 내 몸을 얹고 걷는 길, 문득 이런 생각도 든다.

예술 하는 사람들만 그런 기분을 아는 건 아니겠지.

오늘은 내가 세상에서 제일 잘난 사람 같다가도 내일은 내가 세상에서 제일 못난 사람 같고, 오늘은 사랑스러워 죽겠는 그 사람이 내일은 미워 죽겠고, 오늘의 고마웠던 그 사람이 내일은 나를 아프게 하고, 오늘은 나를 살아 있게 해 주었던 그 일이 내일 바로 또 나를 주저앉아 울게 하는, 그 끝도 없는 애증의 반복을, 살면서 단 한 번도 느껴 보지 못한 사람이 있을까. 삶을 살고 있는 자 가운데는 아마도 없을 것 같긴 하지만, 그런 사람이 정말로 있다면, 그저 부러울 따름이다.

운동화 코부터 올라온 겨울비가 이제 발등까지 점령했다. 발이 시리다.

여름엔 샌들을 신으면 됐는데, 겨울의 비 오는 날엔 어떤 장비가 필요한 걸까, 궁금해하며 집으로 향한다.

2023년 12월 16일 토요일   산책 284일 차

                               총 걸음 13,519보

                               총 거리 9.5km

오늘의 최저 체감 온도는 영하 18도.
한여름 30도가 넘는 날씨에 산책했던 것을 떠올린다. 몇 달 안 되는 이 짧은 기간에 50도가 넘는 기온 차가 생긴다는 것이 새삼 놀랍다.

성북천에선 청둥오리 한 마리가 목욕을 하고 계신다. 연신 고개를 물속에 넣었나 뺐다 하며 발을 들어 목덜미를 닦고, 날갯죽지를 들어 올리며 그 밑도 꼼꼼하게 닦고 계신다. 보고 있는 내가 다 부르르 몸을 떨게 된다. 넌 안 춥니?

성북천을 빠져나와 도심 쪽으로 접어드는데, 어느 ATM 365 코너 문에 유모차를 끌고 있는 아이 엄마가 끼어 있다. 누가 잠깐만 문을 잡아 주면 될 것 같은데, 지하철역 근처라 지나는 사람들이 많은데도 모두가 그냥 지나치고 있다. 빠른 걸음으로 다가가 문을 잡아 주니 아이 엄마가 연거푸 고맙다고 말하는데, 그사이 얼마나 애를 썼는지 이렇게 날이 추운데, 아이 엄마의 이마에 맺혀 있는 땀방울이 눈에 들어

온다. 이게 이렇게 여러 번 고맙다는 말을 들을 일인가 싶으면서도, 그냥 지나치는 사람들에게 내가 다 섭섭해진다.

언젠가 휠체어를 사용하는 가족이 있고, 아이도 키우고 있는 지인에게, 우리나라 사람들은 휠체어와 유모차에 그리 친절하지 않다는 말을 들었던 기억이 난다. 왜일까. 그들이 자신의 보행에 불편함을 주기 때문일까.

횡단보도를 건너는데, 앞에서 작은 카트에 폐지와 재활용품이 담긴 커다란 비닐봉지를 가득 실은 할머니가 걸어온다. 바람에 날려 카트 위의 비닐봉지와 캔들이 횡단보도 위로 떨어진다. 이 일을 시작하신 지 얼마 안 되셨나 보다. 폐지 줍는 어르신들 사이에도 내공의 깊이 차이가 있다. 초록불이 깜빡이기 시작하자 나도 마음이 급해져 할머니 쪽으로 다가가는데, 내 뒤에서 어떤 젊은 남자가 뛰어가 할머니가 떨어뜨린 비닐봉지와 캔을 주워 할머니와 함께 길을 건넌다. 조금 전 사라졌던 인류애가 다시 마음속에 싹을 틔운다.

모든 것이 느려 터져 어디에서나 젊은이들에게 걸리적거리는 노인 이야기가 어디 나왔더라. 필립 로스의 '에브리맨'이었나. 커트 보네거트의 '나라 없는 사람'이었나. 그것도 아니면 베르나르 베르베르의 단편 '황혼의 반란'이었던가.

세 책 모두 노인의 삶을 이야기하고 있어, 내 머릿속에서 마구 혼재되어 튀어나온다. 실은 그 세 책 모두에 나왔던 이야기 같기도 하다. 노인의 삶은 누가 써도 쉽지 않은 삶일 테니까. 그런데 베르나르의 책*에 이런 말이 나왔던 건 기억이 난다.

'너도 언젠가는 늙은이가 될 게다.'

당연한 얘기다. 살아 있다면 우리는 모두 언젠가는 느려 터진 늙은이가 될 것이다. 살다 보면 언젠가는 유모차와 함께 걷게 될 수도, 휠체어를 가까이에 둔 삶을 살게 될지도 모른다. 그렇지 않다 해도 누군가의, 낯선 이의 도움이 필요한 순간은 언제나 누구에게나 찾아온다. 그 필요가 문 사이에 낀 유모차처럼 아주 사소한 것일지라도.

누군가는 그냥 지나치고,
누군가는 나에게 도움의 손길을 내민다.
인류애가 사라졌다 돌아왔다가가 반복되는,
오늘의 산책길이다.

* 나무_베르나르 베르베르, 이세욱 번역_열린책들(2013)

2023년 12월 17일 일요일   산책 285일 차

총 걸음 15,247보

총 거리 10.4km

강추위가 계속된다.

최저 체감 온도가 영하 20도, 최고 체감 온도가 영하 13도. 최고가 영하 13도라니. 내 눈으로 날씨 앱을 보고 있으면서도 믿기지가 않는다.

성북천 강가로 살얼음이 끼기 시작했다.

집으로 돌아오는 길 몸이 자꾸 가렵다.
왜 이러지.
돌아와 거울을 보니 온몸에 두드러기가 났다.

어젯밤 먹은 케이크가 떠오른다. 냉장고에 넣어 놓고 잊어버려 며칠 지난 케이크이긴 한데, 열어 보니 또 멀쩡한 것 같아 그냥 먹었다. 예전의 나였다면 버렸을 것이다.

며칠 전 샤워를 하고 머리를 말리는데, 안경을 벗고 있어 희미하긴 하지만 내 팔뚝이 어쩐지 낯설었다. 처음 보는 실루엣이다. 뭐지, 싶어 다시 안경을 쓰고 보니 알통이 생겼다. 링피트를 시작한 지 5개월쯤 됐다. 나에게도 근육이라는 것이 생긴 것인가. 신기하기도 하고, 스스로가 기특하기도 하고, 어쩐지 조금 더 건강해진 것 같은 기분에, 잠시 오만함에 사로잡혔다.

그 오만함에, 예전의 나였다면 버렸을 며칠 지난 케이크를 먹었다. 온몸에 두드러기가 올라왔다. 허허.

처방받은 항히스타민을 다 먹었나 보다. 약통을 뒤져 봐도 나오질 않는다. 병원엔 갈 수 없는 시간이고, 응급실은 귀찮아. 약국에서 항히스타민 2세대를 사 먹는다. 오랜만에 2세대를 먹었더니 졸음이 쏟아진다.

오만해지지 말아야지.

2023년 12월 19일 화요일   산책 287일 차

총 걸음 14,463보

총 거리 9.9km

오전 내 눈이 왔다. 성북천이 반쯤 얼었고, 그 위로 옅게 눈이 내려앉았다. 얼음 사이사이로 아직 얼지 않은 물길을 따라 청둥오리들이 산책을 한다.

아직 남아 있는 푸른 수초들이 얼음 안에 갇혀 있다. 아직 남아 있던 장미 꽃봉오리들도 꽁꽁 얼어 툭 치면 크리스털처럼 와장창 깨질 것만 같다. 좀 걸으니 누가 강 위로 돌이라도 던진 걸까. 제멋대로 금이 가 깨져 있는 강 위의 얼음 조각들이 마치 콜라주 작품처럼 예뻐서 나의 시선을 빼앗는다.

매일 걷던 길인데도,
새로운 풍경에 추운 줄 모르고 걷는다.

오래 사랑하는 법은 한 대상과 여러 번 사랑에 빠지는 것이라고 하던데, 매일매일 달라지는 풍경이 매일매일 나로 하여금 현관문을 열게 한다.

2023년 12월 20일 수요일   산책 288일 차
총 걸음 6,031보
총 거리 4km

오랜만에 녹두를 만났는데, 아직 남아 있는 내 두드러기의 정체에 대해 묻는다.
"아니, 며칠 지난 케이크를 먹었는데…."
아직 내 말이 끝나지도 않았는데, 녹두가 말한다.
"그걸 왜 먹어. 카나리아 주제에!"

'탄광의 카나리아'라는 말이 있다. 광부들이 갱도를 내려갈 때 유독 가스에 예민한 카나리아를 데리고 내려갔기 때문에 나온 말이다. 인간보다 예민해, 위험을 먼저 알아차리는 새. 영화 '컨택트Arrival'에서도 주인공인 에이미 아담스가 외계인과 처음 조우하러 가는 길 방호복을 입은 채 카나리아를 데리고 들어가는 장면이 나온다.

계절이 변해도 제일 먼저 '에취' 재채기를 하고, 조금 먼지 많은 곳에 들어가도 제일 먼저 '에취', 같은 음식을 먹어도 제일 먼저 탈이 나는 나에게 녹두가 늘 하는 말이다.

"그러니까 조심하란 말이야, 카나리아 주제에!"

"아니 그게, 내가 얼마 전에 머리를 말리려고 팔을 들었는데, 팔뚝에 뭐가 볼록 튀어나와 있는 거야." 또 내 말이 끝나기 전 녹두가 말한다. "종양이라도 생긴 줄 알았어?" 그러곤 자기 말에 자기가 터져 깔깔거리다. "아이고 배야." 하곤 드러눕는다. 그 모습에 나도 웃음이 터졌다. 그러면서도 내 자랑스러운 팔뚝을 녹두에게 들이민다.

- 아니, 봐 봐. 진짜 알통 생겼다고!
- 오, 진짜네! 알통 있는 카나리아네.

그러곤 또 웃음이 터져 드러눕는 녹두.
그래, 너 하나 웃겼으니 오늘도 보람찬 하루다.
저녁 먹고 산책이나 가자.

2023년 12월 22일 금요일　　　산책 290일 차

총 걸음 12,793보

총 거리 8.4km

오늘은 눈 쌓인 공원을 걷는다.
화단의 꽃양배추 위로도 하얗게 눈이 내렸고, 얼음 장미처럼 양배추들도 모두 꽁꽁 얼어 버렸다. 빨간 산수유 열매도 빨간 얼음이 되어 마른 가지에 주렁주렁 매달려 있다.

잘린 커다란 나무 둥치 위로 소복이 내려앉은 눈을 본다.
수북이 쌓인 낙엽을 덮고 있던 눈들이 얼어 이따금 바람에 날린다.

베란다에 널어놓은 빨래는 너무 차서,
말랐는지 안 말랐는지를 모르겠다.

올해의 동지가 이렇게 지나가고 있다.

2023년 12월 24일 일요일   산책 292일 차
총 걸음 13,081보
총 거리 9km

물건을 제자리에 두는 편이다.
깔끔 떠느라 그렇다기보단, 내가 나를 못 믿어서가 크다. 아무 데나 두면 못 찾고 자책할 것이 뻔해, 우리 집 물건들은 대부분 자기 자리가 있다. 새로운 물건이 들어올 때마다, 이 아이를 어디에 두는 것이 나도 행복하고 너도 행복할 제자리일지를 고민한다. (실은 물건을 사기 전에 이미 고민한다. 아무리 생각해도 제자리가 마땅치 않으면 포기하는 경우도 허다하다.)

산책을 하다 보면 '물건'들을 만난다.
어떨 때는 생뚱맞은 장소에서 생뚱맞은 물건을 만난다. 여기가 네 자리일 리가 없을 텐데, 넌 어디에서 왔니? 그럴 때면 늘 잠깐 멈춰 서 바라보게 된다. 비 오는 날 작은 공원의 계단을 내려오는데, 난간 기둥 위에 하얀 와이셔츠가 똘똘 말려 놓여 있다. 어떤 자유로운 영혼이 비를 맞다 옷이라도 벗으신 건가. 청계천 징검다리 위에 트렌치코트가 젖은 채 놓여 있다. 자유로운 영혼이 참 많네. 어느 여름날,

헌 옷 수거함 옆에 내 키보다 큰 커다란 곰 인형이 벽에 기댄 채 대자로 뻗어 계신다. 날도 더운데 집에 가서 주무시지, 잠깐 생각하다 또 조금 슬퍼진다. '토이 스토리'가 생각나서다. 공원 육각형 정자 한가운데 돈데크만 모양의 주전자가 혼자 덩그러니 놓여 있다. 정말 한가운데 놓여 있어, 돈데크만에서부터 육각 모양이 펼쳐져 나오고 있는 듯한 모양새다. 진짜 시간 여행이라도 온 거니? 지하 주차장 바닥에 떨어져 있는 레이스 양말이 수상하다. 주차된 오토바이 꽁지에 엄지손가락만 한 노란 쪼꼬미 오리 인형이 꽂혀 있다. 헬멧까지 제대로 쓰고 계신다. 너는 제자리에 있는 물건 같기도 하구나. 오토바이 주인의 사랑을 듬뿍 받고 있는 아이처럼 보이니.

제자리이냐, 그렇지 않냐는, 혹 그런 차이인 걸까.
아직 누군가의 사랑과 관심이 끝나지 않은 자리.
이 자리로 너를 찾아올 사람이 있는 자리.
네가 여기에 꼭 있어야 할 명분이 확실한 자리.

오늘 성북천을 걷다가 또 생뚱맞은 장소에서 생뚱맞은 물건을 발견했다. 굴다리 아래 교각에 세로로 커다란 파이프가 내려와 있는데, 파이프와 교각 벽 사이에 서로 모양이 다른 커다란 쓰레받기 두 개가 가로로 나란히 꽂혀 있다.

무척 생뚱맞은 장소다. 그런데 어쩐지 얘네는 여기가 제자리가 맞는 듯 당당한 모양새다. 아마도 산책로의 눈이나 낙엽 등을 치우기 위한 도구일 것 같은데, 이 둘건의 주인이 누구든 이 장소를 찾아내곤 무척 신났을 것 같다. 무겁게 매번 들고 다닐 필요도 없고, 산책로 외관도 크게 해치지 않으면서, 쓰레받기 손잡이 굵기에 딱 맞는 저 틈! 저 틈이 조금만 넓어도 쓰레받기는 흘러내렸을 테고, 조금만 좁아도 안 들어갔을 테니 말이다.

딱 제자리네, 딱 제자리야.
고개를 끄덕이며 굴다리를 빠져나온다.

그러다 문득, 이런 생각도 든다.

나는 지금 제자리에 있는 걸까, 아니면 아직도 제자리를 찾지 못해 헤매고 있는 걸까. 그것도 아니면 이미 오래전에 나의 제자리를 놓쳐 버린 건 아닐까. 혹 내 물건들에 대한 나의 제자리 집착 또한 나의 이런 불안함의 발현은 아닐까.

마흔이 넘어서도 여전히 같은 고민을 하고 있다.
나의 제자리는 어디일까.

그런데 나는 정말 제자리를 원하고 있긴 한 걸까.

그곳이 여기이든, 아직 내가 만나지 못한 저 어딘가의 그곳이든, 혹은 이미 내가 놓쳐 버린 그때 그곳이든.

2023년 12월 28일 목요일 　　산책 296일 차

총 걸음 17,870보

총 거리 12.3km

오늘 최고 기온은 영상 4도.
최저 기온이라고 해 봤자 영하 2도다.

계속 영하 십몇 도를 왔다 갔다 하던 날씨가 영상으로 올라오니, 마치 봄이 온 것만 같은 착각이 인다. 산책로에 사람들도 많아졌고, 무엇보다 그동안 어디 숨어 있다 나온 건지, 온 동네 고양이들이 다 나와 볕 놀이 중이시다.

성북천을 지나는데, 냐옹.
누가 나를 부른다.
어, 우리 뚱땡이 오랜만이네? 잘 지냈어?

성북천 강둑 벽에 설치된 분수대 난간 맨 윗자리는 늘 이 녀석 차지다. 늘 여기서 볕 놀이를 하거나, 지나가는 사람들을 부르며 참견질을 하거나, 그것도 아니면 흘러내리는 포즈로 주무시고 계신다. 성북천 쪽 고양이들은 다 몸집이 작고 말라 있는데, 이 아이는 어찌나 포동포동한지 내가 '우리 뚱땡이'라고 부르는 아이다. 표정은 또 몹시 시니컬해, 단체방에 사진을 올리면 노랑은 '카리스마냥'이라고 부르고, 뾰족이는 '선영 씨'라고 부른다. 드라마 '동백꽃 필 무렵'에서 김선영 배우가 연기했던 시장통 무서운 언니의 표정을 닮았다고 그렇게 부른다. 보리 언니도 이 근처로 이사를 와 가끔 우리 뚱땡이를 만나는데, '어르신 나오심. 입장료 받을 태세'라는 글을 남기기도 한다.

조금 더 걸으니, 뒷발에만 흰 양말을 신고 있는 검은 고양이가 잔뜩 몸을 낮춘 채 강가에서 쉬고 있는 자기 몸만 한 청둥오리를 바라보고 있다. 사냥의 기회를 노리고 있는 모양인데, 오리가 이를 눈치채고 물속으로 풍덩 유유히 흘러가 버리자 어리둥절해진 고양이가 뒤를 돌아보다 사람들을 발견한다. 겸연쩍은 듯 아무 일도 없었던 것처럼 반대 방향으로 걸어가는 냥이님. 이미지 관리도 힘들고, 사람들도 귀찮지? 날이 풀려 너도 신났을 텐데, 사람들도 신이 나서 이렇게 많이 나왔구나.

거의 1년 가까이 매일 산책을 하다 보니, 고양이에 대해 잘 모르는 나조차도 알아보는 고양이들이 생긴다. 친밀함이 두터워지면 반가운 마음에 '우리 뚱땡이'처럼 이름을 붙여 부르기도 하는데, 그게 조금 두렵기도 하다. 처음엔 하루 이틀, 그다음엔 일주일 2주일, 그러다 한 달이 지나도 두 달이 지나도 그 아이가 안 보이면 내 마음이 어떨지. 길고양이의 수명이 그리 길지 않을 텐데, 그 모든 것을 알면서도 정을 주고 아이들을 돌보는 캣맘들이 늘 대단하게 느껴진다. 그 무던함이 있어야, 그런 무던함과 **따뜻함**이 모두 있어야 할 수 있는 일들이 있다.

정을 주기에 앞서 늘 헤어짐을 먼저 생각하는 나의 이 못된 병은 사람에게도, 냥이들에게도 마찬가지인 건지, 반가워 인사를 하면서도 더 반가워하길 주저하는 내 마음이, 참 못났다.

2023년 12월 31일 일요일   산책 299일 차

총 걸음 15,235보

총 거리 10.5km

어제는 말 그대로 폭설이 내려, 잠깐 걷고 들어오는데도 엘리베이터 거울 안에 눈사람이 있었다. 모자 위에도 패딩 위로도 마스크 위에도 안경 위에도 눈이 쌓여 있는데, 안경에 김까지 서려 더 눈사람으로 보이는 내가 거울 안에 있었다.

원래 겨울엔 이렇게 눈이 많이 오는 건지, 아니면 올겨울 특히 많이 오는 건지, 태어나 첫 겨울인 듯 살고 있으니 그 답은 모르겠으나, 매섭게 쏟아지는 눈에 다시 나갈 엄두가 나지 않았다.

그런데 오늘은,
어제 무슨 일이 있었냐는 듯 하늘이 쾌청하다.
폭설이 한번 내려 줘서인지 오늘의 공기 또한 유난히 맑다.
기온도 영상 5도. 서둘러 옷을 챙겨 입고 산책길에 오른다.

아파트 단지에도, 공원에도, 여러 형태의 눈사람이 보인다.
되게 아무렇게나 만든 것 같은 못난이 눈사람부터, 빨간 털

모자에 나뭇가지 팔, 웃음 표시 초콜릿 과자로 만든 눈, 딸기 모양 봉제 인형을 거꾸로 박아 코까지 달아 준 엄청 멀쩡한 눈사람도 시선을 끈다. 만들다가 너무 추워 서둘러 마무리한 걸까, 아랫부분은 엄청 큰데 머리 쪽은 너무 작은 소두형 눈사람. 손가락으로 그냥 눈코입 구멍을 뽕뽕뽕 뚫어 놔서 유령처럼 보이는 눈사람. 공원 정자 위의 작은 눈사람은 솔잎으로 눈과 입을 만들어 놨더니, 입이 일자 모양이라 몹시 뚱해 보이는데, 그 모습이 어쩐지 친밀하게 느껴져 웃음이 난다. 벤치에 줄줄이 늘어서 있는 눈으로 만든 작은 오리와 개구리들도 귀엽다. 이들은 공원 곳곳에서 보인다. 요즘은 저런 틀을 파는 모양이다.

손 시린 것도 잊은 채 눈사람을 만드는 아이들의 마음이 귀엽다. 눈 오는 날을 그다지 좋아하지 않았던 것 같은데, (겨울 자체를 좋아해 본 적이 별로 없었던 것 같기도 하고…) 산책을 시작한 후 나도 눈이 조금 좋아지려고 그런다.

언젠가 '설국열차' 드라마 얘기를 하다 뽀쪽이가 했던 말이 떠오른다. "그런 세상이 오면 우리 중에 세형이가 제일 먼저 죽을 거야." 그래도 설국열차는 그나마 따뜻한 기차 안이 배경이지. 설국열차처럼 전 세계가 빙하 시대로 변하는 영화 '투모로우'를 보면서 극도의 공포심을 느꼈던 기억이 난다. 좀비 영화나 귀신 영화보다 더 무서웠다. 계속해서 추위에 떠는 장면이 나오는 영화 '투모로우'와 바다 한가운데서 갈증으로 사경을 헤매는 장면이 나오는 책 '파이 이야기'는 나에게 가장 큰 공포를 줬던 작품들이다. 추위와 갈증은 언제나 나에게 가장 무서운 존재였다.

그런 내가,
이렇게 눈 쌓인 공원을 한 시간 넘게 걷고 있다니.

아래는 레깅스, 온열 내의, 기모 바지까지 세 겹으로 입었다. 위로는 역시 온열 내의와 캐시미어 스웨터, 패딩 조끼, 그리고 패딩 점퍼까지 네 겹이다. 물론 목도리와 장갑, 귀를 덮는 모자도 장착한 상태다. 오늘은 영상이라, 이 차림은 좀 더운 것도 같고.

매일 산책을 하며,
사계절을 온몸으로 느꼈던 올해가 끝나 가고 있다.

평소 해 바뀜이나 나이 등에 큰 의미를 부여하지 않고 산다. 달력은 그냥 인간의 편의를 위해 만들어 놓은 구분점에 불과하니까. 그런데 올해는 이상하게 '내년'이라는 단어를 떠올리니 조금 설렌다. 침대에 누워 '내일'을 생각하며 조금 설렜던 것도 꽤 오랜만인 것 같다. 올해는 그랬다. 내일 눈을 떠 산책을 할 생각에 매일 조금씩 설렜다. 그래서 '내년'이란 단어에도 나는 조금 설렜나 보다. 나년에는 또 어디를 걷다, 무엇을 만나고, 누구를 보고, 나는 또 무슨 생각을 하게 되려나.

내일의 나, 내일의 산책을 기약하며,
오늘의 산책, 아니 올해의 산책을 마무리한다.

2024년 1월 1일 월요일		산책 300일 차

총 걸음 13,727보

총 거리 9.3km

새로운 해가 시작됐다.
매일 눈을 뜨면 하던 루틴은 오늘도 그대로다.

일어나 화장실에 다녀온 후 커피 머신의 전원 버튼을 눌러 놓고, 다시 침실로 가서 커튼을 열고 창문도 조금 열고 침대 정리를 한다. 그쯤 커피 머신의 준비도 끝났다. 커피가 추출되는 동안, 서재로 가 컴퓨터 전원 버튼을 눌러 놓고, 서재 창문과 거실 창문도 조금씩 연다. 그리고 다시 컴퓨터 앞으로 돌아와 한글창을 연다. 그리고 적는다. 2023년, 아니 아니, 지우고 다시 쓴다. 2024년 1월 1일 월요일.

변한 것은 그뿐이다.
일기의 시작인 연도를 고쳐 쓰는 것, 그뿐이다.

오늘도 어제와 같은 루틴으로 하루를 시작한다.
오늘도 산책 전에 해야 할 몇 가지 업무와 살림을 하고,
간단하게 점심을 먹은 후 산책 준비를 할 것이다.

오늘도 걸을 것이고, 오늘도 일기를 쓸 것이다.

오늘도 어제와 같은 친구들과 채팅방에서 시답잖은 농담을 주고받을 것이고, 오늘도 어제와 마찬가지로 산책에서 돌아오면 엄마와 전화 통화를 할 것이고, 오늘도 어제와 똑같이 자몽 언니가 추천해서 보기 시작한 드라마 '소년 시대'를 보면서 저녁을 먹을 것이다. 저녁을 먹고 나면 또 늘어져 치우는 게 한없이 귀찮아지겠지만, 한참을 망설이다 결국은 용기를 내 일어나 상을 치울 것이다. 설거지를 마치고 아직도 너무 배가 부르다 싶으면 조금 더 걸을 수도 있고, 링피트를 할 수도 있다. 책을 읽을 수도 있고, 오늘의 일기를 마감하면서 그동안 써 둔 원고들을 다시 또 정리하면서 하루를 마감할 수도 있을 것이다. 어쩌면 그 모든 걸 다 할지도 모른다.

그리고,
그 모든 것이 어제와 똑같다.
새로운 해가 시작됐다고 해서, 요이 땅!
그런 건 없다.

새해 다짐이나 결심을 안 해 본 지는 너무 오래됐다. 달력과 상관없이 매일 해야 할 다짐과 결심, 매일 지켜야 할 나와의 약속과 숙제들도 이미 너무 많은데, 뭘 굳이.

그래도 1월 1일이라, 이런 생각은 해 본다.
그 어떤 특별한 일도 일어나지 않는 하루는 좋은 걸까, 나쁜 걸까.

조금 더 어렸을 땐 지루하다 생각했을지도 모르겠다. 그런데 요즘은 아니다. 이 고요와 평화가 얼마나 소중한 것인지를 깨닫기까지 꽤 오랜 시간이 걸렸지만, 요즘의 나는 그렇다. 어제와 같은 오늘이 고맙다. 어제와 같은 오늘의 내가 기특하다 느껴질 때도 있다.

비 온 뒤에 땅이 굳어진다는 말을 나는 인간사에 적용하고 싶지 않다. 비 따위 안 맞을 수 있다면 안 맞는 게 좋은 삶이다. 고생 끝에 낙 같은 소리도 믿지 않는다. 몸고생이든, 마음고생이든, 피할 수 있는 하루가 좋은 하루다.

오늘도 어제와 같은 하루를 보낸다.
특별히 좋은 일도 특별한 다짐 따위도 없었지만,
특별한 고생도 없었던 하루가,
오늘도 어제와 마찬가지로 저물어 가고 있다.

2024년 1월 6일 토요일   산책 305일 차
                       총 걸음 14,772보
                       총 거리 10.1km

왜 또 이렇게 입이 엉망진창이 됐지.
잠도 잘 자고, 밥도 잘 챙겨 먹었던 것 같은데, 어디서 또 무리를 한 걸까.

아직도 나는 나의 통증을,
나의 어떤 부주의한 행동에서 비롯된 것은 아닐까를 고민한다. 내 탓을 먼저, 돌아본다.

매사 남 탓, 주변 탓, 환경 탓을 하는 것도 마음이 건강하지 않다는 증거지만, 매사 내 탓도 건강한 마음이 아니라는 걸 안다. 그럼에도 내 잘못을 먼저 찾고 있다.

병명을 알기 전, 하도 사람들에게 핀잔을 들어서 그런 걸까. 너무 늦게 자니까 그렇지. 밥을 그렇게 먹으니까 그렇지. 운동을 안 해서 그런 거야. 스트레스? 마음이 그렇게 약해 빠져서 이 험한 세상 어떻게 살래. 네가 긍정적인 사람이 되어야 덜 아프지.

요즘 드라마 '동백꽃 필 무렵'을 다시 본다. 이미 다 아는 애긴데도 내가 자꾸 운다. 일곱 살 때 엄마에게 버려진 동백이는 어른이 되어서도 자꾸 눈치를 보고 쭈그리가 된다. 이제는 무조건 그녀의 편이 되어 주는 사람이 생겼는데도, 이따금 쭈그리로 변한다. "갑자기 확 쭈그러들지 말아유! 동백 씨 잘못한 거 하나도 없어유!" 그가 소리친다. 동백이가 운다. 나도 운다.

언젠가 한 번 심하게 확 쭈그리가 되어 버렸던 마음은, 아무리 잘 다리고 펴 줘도 조금만 물이 닿으면 금세 또 쭈글쭈글이 되는 걸까. "동백 씨 잘못한 거 하나도 없다니께유!" 그가 또 말한다. 그가 동백이 옆에서 계속 계속 말해 주면 좋겠다. 지치지 않고 계속 계속.

길을 걸으며 간판을 읽는다.
지금 내가 먹을 수 있는 게 하나도 없구나.

마음이 쭈글쭈글해지면, 더 쉬이 낫지 않는다. 나도 나에게 계속 계속 말해 주고 싶다. 지치지 않고 계속 계속.

동백 씨 잘못한 거 하나도 없다니께유!

2024년 1월 9일 화요일　　　산책 308일 차

총 걸음 11,354보

총 거리 7.6km

어제 종일 대설주의보 문자가 오더니, 오늘 창문을 열자 온 세상이 정말 하얗게 변해 있다. 밤새 눈이 얼마나 온 건지, 좁은 베란다 난간 위로도 볼록하니 눈이 꽤 높이 쌓여 있다.

하얀 옷을 뒤집어썼다고 표현해도 될 만큼, 가로수들과 낮게 심어진 조경수들이 모두 하얗게 변해 있다. 아직 눈을 치우지 못한 성북천 산책로를 걷는데, 뽀드득뽀드득 눈 밟는 소리가 이어폰을 끼고 있는데도 새어 들어온다. 이어폰을 뺀다. 뽀드득뽀드득. 겨울의 소리를 듣는다. 저 앞에서 투둑, 나뭇가지 위로 아슬아슬 쌓여 있던 눈이 쏟아져 내린다. 후드득, 놀란 비오리 한 마리가 조금 날아오른다. 그러고 보니, 비오리나 청둥오리는 나는 것을 못 봤네. 늘 물 위로 둥둥둥 떠다니기만 하고. 얼음 위로 아장아장 걸어 다니기만 하고, 너희도 날 수 있는 거 맞지? 지나는 산책자에겐 전혀 관심 없는 무심한 청둥오리 가족들은 여전히 얼음 위를 아장아장 걷고 계신다. 그러더니 한 마리가 풍덩, 얼음의 끝에서 입수를 선택하신다. 그러자 뒤의 아이들도 풍덩,

풍덩, 풍덩 연달아 입수를 하더니 줄 맞춰 다시 둥둥둥 어딘가로 흘러가신다. 그 순간 뒤에서 냐옹, 우리 뚱땡이 어르신이 나를 부르신다. 제가 오늘 너무 눈 구경, 오리 구경만 했지요? 내가 관심을 주자, 됐다 인마, 라는 또 뚱한 표정을 짓곤 뒤돌아 걸어가신다.

나만 어르신을 궁금해하고 안위를 걱정하고 있었던 게 아니었나. 문득 그런 생각이 스쳤다. 어르신도 '요 녀석 요즘 안 보이네? 어디 아픈가.' 궁금해하셨을라나. 오늘도 여전히 토실토실한 어르신의 귀여운 뒷모습을 바라본다. 오늘은 어쩐지 그 뒷모습이 조금은 다정한 뚱함으로 느껴지는 것도 같고, 나만의 착각인 것 같기도 하고. 알쏭달쏭한 마음으로 다시 뽀드득뽀드득 겨울을 걷는다.

2024년 1월 19일 금요일   산책 318일 차
총 걸음 10,887보
총 거리 7.7km

중랑천에 천연기념물인 원앙이 200여 마리나 등장했다는 뉴스를 보고, 오늘은 청계천을 따라 중랑천 쪽으로 가 볼까 산책 방향을 잡았지만, 거기까지 갔다간 걸어서 돌아오진 못할 것 같다. 성수동 쪽에서 약속이 있을 때 가 봐야겠다, 마음을 돌리곤 잠수 중인 비오리들만 실컷 구경하곤 집으로 돌아오는 길.

역시 나는 포기가 빨라,
생각한다.

벌써 몇 년째 다니고 있는 미용실이 있다. 친구의 추천으로 가게 된 미용실인데, 잘 자르신다는 추천사보다 선생님이 말씀이 거의 없다는 말에 더 혹해서 가게 되었다. 그리고 선생님은 정말 말씀이 없으셨다. 사각사각 머리 자르는 소리만 들으며 간혹 졸기도 하고 멍때리며 가만히 앉아 있다 오면 되는 것이 마음이 편해 계속 다니게 됐다. 그러니까 선생님과 나는 몇 년째 주기적으로 얼굴을 보고 있지만,

사적인 대화를 나눠 본 적은 거의 없다.

그런데 며칠 전 미용실에 갔을 때, "뭐가 제일 불편해요?"라고 물으셔서, "앞머리요. 조금만 길면 어떻게 해야 할지를 모르겠어서 그냥 모자를 써요"라고 답을 했는데, 그루프를 하나 주셨다. "길에서 학생들이 하고 다니는 거 봤죠?" 그러곤 사용법도 친절하게 설명해 주셨는데, "화장도 안 하죠? 그럼 머리 감고 나와서, 앞머리만 먼저 말린 다음에 이걸 이렇게 말아요. 그리고 뒷머리를 말려요. 그다음에 이걸 풀면 앞머리가 엄청 붕 하게 떠 있을 텐데, 그때…."

그때….
뭔가 핵심 주의 사항이 나올 것 같아, 모범생 초등학생처럼 선생님 말씀에 온 신경을 집중해 다음 말을 기다리는데, 그때….

"아, 뭐야. 나 안 해! 바로 포기하면 안 돼!"

푸핫. 나도 모르게 웃음이 터졌다. 선생님이 나에게 이렇게 단호한 어투로 말씀하신 적이 있었던가. "드라이하면서 손으로 살살살살 만져 주면 다시 내려오니까요." 금세 다시 차분해진 선생님의 말투에도 나의 웃음은 계속 이어졌다.

사적인 대화를 거의 나눠 본 적 없는데도, 몇 년간의 관찰만으로 선생님은 내가 '포기가 빠른' 인간임을 간파하신 걸까. 역시 사람을 많이 상대하는 직업을 가지신지라, 말씀이 적으셔도 인간에 대한 통찰력이 차곡차곡 쌓여 이런 내공을 갖게 되신 거구나, 싶었다.

언제나 포기가 빠른 편이었다.
내가 가질 수 없을 것 같으면, 내가 잘할 수 없을 것 같으면, 나와 어울리지 않을 것 같으면, 어차피 내가 설득할 수 없는 관계라면, 어차피 내가 이룰 수 없는 일이라면, 늘 쉬이 돌아서 버리곤 했다. 그 대상이 물건이든, 취미든, 사람이든, 일이든, 꿈이든.

포기 또한 재능이라고 생각하는 편이어서, 포기가 빨라 좋았을 때도 많았다고 생각한다. 하지만 당연하게도 가끔은 의심이 든다. 혹 내가 가질 수 있었던 것도, 이룰 수 있었던 것도, 포기도 재능이란 말로 합리화하며 너무 쉬이 덮어 버리진 않았을까.

그루프는 일단, 사용해 보기로 했다.
나 안 해!
'바로' 포기해 버리진 않기로 한다.

조금만 더, 하루만 더. 한 달만 더.
그렇게 산책을 해 왔다. 그렇게 글을 써 왔다.

엄청 춥고 엄청 깨끗한 겨울 하늘에 비행운이 그려진다.
잠시 서서 멍하니 바라본다.
좋은, 시간이다.

바로,
포기해 버리지 않아서 다행인 것들도 많았다.
내일도 또 걸어야지.

내일도, 그루프는 말아 봐야겠다.

2024년 1월 31일 수요일   산책 330일 차

총 걸음 : 3,012보

총 거리 8.9km

9도라니.
따뜻하다.

기온의 변화를 모든 동물들이 기가 막히게 읽어 낸다.
겨우내 드문드문 보이던 새들이 오늘은 엄청 많이도 보인다. 날씨가 따뜻하니, 강가에 아직 남아 있는 살얼음 위를 걷고 있는 새들이 오늘은 또 그리 추워 보이지도 않는다. 고양이들도 유난히 많이 보인다. 심지어 산책로에도 사람들이 늘었다. 견주와 함께 나온 강아지들도 늘었다. 오랜만에 북적이는 성북천이다.

겨우내 내 귀를 덮어 줬던 모자를 벗는다.
조금 더 걷다가 빨강이 떠 준 캐시미어 목도리도 벗는다.
사람 마음 간사하게도, 9도라는 날씨를 '덥다'라고 느낀다.

지나는 사람들의 표정에서도 가벼움이 느껴진다.
겨우내 무겁게 이고 지고 나를 꽁꽁 동여맸던 옷차림이 가

벼워지니, 어깨가 펴지고 미간도 펴지나 보다.

사람들의 발걸음도, 나의 발걸음도, 동물들의 발걸음도, 조금씩 가벼워지는 계절로 향해 가고 있다.

2024년 2월 3일 토요일   산책 335일 차

총 걸음 13,661보

총 거리 9.5km

날이 풀리면서 찾아왔던 미세 먼지도 걷힌 주말.
흐린 날씨에도 산책로에 사람이 많다.

사진 찍는 사람들이 부쩍 눈에 많이 띈다.
청계천을 처음 발견했을 때 나도 그랬다.

넌 누구니!?
저렇게 큰 새가 서울에 있다고?

왜가리를 처음 봤을 때도 너무 신기해 휴대폰을 꺼냈고, 청계천 다리를 건너는데 낮게 날아와 내 코끝을 스칠 듯 횡-하고 지나가는 가마우지를 보고도 무척 당황해하며, 잠시 걸음을 멈추고 그 뒷모습을 한참이나 바라봤다. 지금의 나는 왜가리님이 나와 함께 징검다리를 건너도, 청둥오리 가족이 다 함께 싱크로나이즈를 하고 있어도, 크게 놀라지 않는다. 물론 지금도 가끔은 휴대폰을 꺼내 새들 사진을 찍는다. 사계절에 따라 달라진 배경 속에서 오늘 유난히 또 새

롭다 느껴질 때면 말이다.

사람들이 천가에 서서 청둥오리 가족들이 장난질하는 모습을 휴대폰 카메라에 담고 있다. 오른쪽에서 쇠백로 한 마리가 다가오자 모두들 또 그쪽으로 방향을 틀어 긴 목의 우아한 쇠백로가 걷고 있는 모습을 카메라에 담는다.

그런데 아무도 비둘기 사진은 찍지 않는다. 천 건너편 둑 위에 앉아 있는 비둘기들이 천가를 내려다보고 있다. 좀 서운할까. 나도 그런 편이지만, 사람들은 길을 걷다 비둘기를 만나면 사진을 찍기는커녕 인상을 찌푸리고 피해 간다. 너무 우리 일상 가까이에 있는 새라 그런 걸까. 늘 가까이에 있는 것보단 흔하지 않은 것, 새로운 것, 처음 보는 것에 더 끌리는 것이 역시 사람 마음인 걸까.

둑 위의 비둘기들을 잠시 바라본다.
하지만 역시 좀, 무섭다.

맞아, 나는 원래 큰 새는 좀 무서워해.
왜가리님들과도 가끔 눈 마주치면 바로 눈 깔잖아.
너희만 무서워하는 건 아니니, 좀 이해해 주렴.

2024년 2월 4일 일요일   산책 334일 차

총 걸음 14,418보

총 거리 9.6km

'개인 사정으로 당분간 쉽니다.'

오늘도 어느 가게 앞에 메모가 붙었다. 요즘 도심을 산책할 때면, 비슷한 문구를 자주 본다. 저 문구가 한두 달 후, '임대 문의'로 바뀌는 것을 여러 차례 봤다. 문을 닫는 가게가 늘어 가고 있다. 그래도 몇 해 전까진 폐업 후 얼마 지나지 않아 새로운 가게들이 들어오곤 했는데, 요즘은 그렇지도 않다. 지난여름 문을 닫은 빵집은 아직도 비어 있다. 몇 달째 비어 있는 가게들이 늘어 간다.

자영업을 하는 지인들도, 출판 쪽 일을 하는 지인들도, 프리랜서 친구들도, 일반 회사에 다니는 친구들도 '요즘은 정말 힘들다'는 말을 많이 한다. 코로나가 한창일 때보다도 더 힘들다는 말을 계속 듣고 있는 요즘이다. 하루하루를 충실하게 사는 것만으론 모자란 것 같다는 생각이 머릿속을 지배하면, 마음은 궁핍해질 수밖에 없다. 거리에서도, 사람들의 표정에서도, 활기가 조금씩 사라져 간다. 나도 책을 팔아 먹고사는 사람이라, 불황이라는 말이 내 마음의 명도에도 영향을 주고 있다는 걸 느낀다.

'개인 사정으로 당분간 쉽니다.'

오늘도 그 문구에 마음이 조금 어두워져 터벅터벅 집으로 돌아오는 길, 어, 간판이 생겼네? '○○ 과일 야채'라는 간판을 잠시 서서 올려다본다. 이 야채 가게는 내가 이사 오기 전부터 여기에 있었다. 가게 자체는 다섯 평도 안 될 것 같은 작은 공간인데, 가게 앞으로 반노점처럼 야채와 과일, 그리고 생선 등을 내놓고 팔고 있었다. 우리 집에서 시장까지는 도보로 10분 남짓 걸리는데, 부지런하고 과묵하지만 무심한 듯 친절한 중년 부부가 운영하는 이 가게는 아파트 바로 앞에 있어서 나도 급할 때 요긴하게 이용하곤 했다. 그런데 가게 위 간판은 색이 바랠 대로 바랜 무척 낡은 부동산 간판이었다. 폐업한 부동산 자리에 야채 가게를 여신 것 같은데, 그 후 내가 이곳을 지나는 5년 동안 그 낡은 부동산 간판은 늘 그대로였다. 이름 없는 야채 가게, 간판 없는 야채 가게는, 뭐랄까. 내일 당장 자리를 털고 훌훌 사라져 버려도 이상할 것 없는, 부유하는 가게 같은 느낌이었달까.

그런데 오늘, 이 가게에 이름이 생겼다.

'○○ 과일 야채'

반짝반짝 선명한 새 간판을 보고 있는데, 내 마음의 명도도 조금 올라간 듯한 기분이 든다. 내가 왜? 생뚱맞게도 든든하다는 느낌까지 받는다. 그러니까 내가 왜?

이름이란 것이 이렇게 중요한 거였나. 그의 이름을 알게 되자, 어쩐지 이제는 내일 당장 사라져 버릴 것 같지 않다. 터를 잡고 오래오래 이 자리를 지켜 줄 것만 같다. 그리고 그 느낌이 나를 안심하게 했다.

괜히 가게 앞으로 한 발짝 다가간다.
사과라도 사 갈까. 과일 코너 쪽을 흘깃 기웃거려 본다.

2024년 2월 6일 화요일   산책 336일 차
                      총 걸음 12,248보
                      총 거리 7.9km

얼었다 녹은 것들은 모두 조금씩 추한 걸까.
영하의 날씨에도, 그 위로 눈이 소복하게 내려앉아 있었을 때도, 나름의 멋을 간직하고 있던 공원 화단의 꽃양배추들이 날씨가 풀리면서 점점 추해져 간다. 한번 얼어붙었던 사람의 마음 또한 날이 풀리고 화해의 날이 찾아온다 해도, 예전의 모습 그대로는 돌아갈 수 없는 걸까. 썩어 가는 듯한 양배추들 앞에 서서 괜히 미운 내 마음을 한번 들춰내 본다. 다른 쪽 화단으로 발길을 옮기자, 양배추들은 모두 사라졌고 땅 위를 볏짚으로 단단하게 덮어 두었다. 봄 화단을 준비하기 위함인가 보다. 얼어붙었던 땅에 새순을 돋게 하려면, 땅도 역시 잘 풀어 줘야 하는 것일까. 내 마음을 다시 한번 들춰내 본다. 잘 풀지 못해, 내 마음도 이리 미워진 걸까. 해내는 것보다 '잘' 해내는 것이 중요하다는 걸 알지만, '잘'은 언제나 모호하고 어려운 단어다.

5시 59분, 가로등이 켜진다.
해가 길어지고 있는 것이다.

드문드문 아직 녹지 못한 눈들이
겨울의 끝자락을 보여 주고 있는 것만 같다.

참 춥고, 눈도 많이 왔던 이 겨울도,
나는 그리워하게 되려나.

이 겨울을 잘, 보내 주고 싶은데,
'잘'은 언제나 어려워서,
나는 그냥 또 지금 내가 할 수 있는 일을 한다.

그렇게 오늘도 나는, 겨울을 걷는다.

2024년 2월 7일 수요일		산책 337일 차

총 걸음 13,056보

총 거리 8.6km

설 연휴를 앞두고, 보리 언니가 또 엄마네 가져가라며 과일을 잔뜩 보내왔다. 엄마는 보리 언니 가져다주라고 설음식을 잔뜩 싸겠지. 엄마와 보리 언니의 배틀이 다시 시작될 모양이다.

언젠가 보리 언니가 안경 닦는 천이 필요해서 안경 가게에 들렀는데, 가게에서는 그냥 드리겠다고 했단다. 평생 안경을 써 온 나에겐 서비스로 받은 안경 닦는 천이 늘 너무 많아서, 그걸 돈을 주고 사야 한다는 생각을 한 번도 해 보지 못했다. 아마 안경 가게에서도 그 천만 필요하다는 고객에게 돈을 받기는 애매했을 것 같다. 하지만 보리 언니는 그 가게를 그냥 나왔단다.

"나는 공짜가 너무 싫거든!"

응? 언니의 외침에 잠깐 갸웃하다 웃음이 터졌다. 내가 지켜봐 온 이 언니는 공짜로 뭘 받아 본 적이 없는 사람이다.

그것이 물건이든 마음이든 하나를 받으면 열을 주는 사람이 이 언니다. 그런 사람이 '나는 공짜가 너무 싫거든!' 이렇게 말하는 게 웃겼다. 받아 본 적도 없는데, 뭘 싫어. 남들에겐 그렇게 공짜를 베풀면서 왜 싫어.

그런데 우리 엄마도 그렇다. 텃밭을 가꾸는 이웃집에서 야채를 가져다주면, 음식을 해 가는 사람이다. 자식들에게도 그냥 받기만 하는 건 못 견뎌 하는 사람이다. 용돈을 드리면, 그 배의 반찬이 돌아온다. 심지어 누가 나에게 밥을 샀다고 하면, '그 선배가 너를 잘 챙긴다며.' 그 사람에게도 반찬을 가져다주라고 하는 엄마다. '세상에 공짜는 없다.' 엄마가 자주 하는 말이다.

그런 두 사람의 배틀이니, 쉬이 끝나진 않을 것 같다는 생각에 산책을 하며 조금 웃었다.

흥미로운 부분이다. 평생 공짜를 받아 본 적 없는 것 같은 사람들은, 공짜가 싫다고 한다. 늘 공짜를 찾아 헤매는 사람들은 받아도 받아도 모자라 한다. 하나를 받을 땐 고마웠다 해도, 둘부턴 당연하고, 셋을 주지 않으면 도리어 상대를 원망하는 마음도 많이 봤다. 언제나 고마운 마음을 유지한다는 것도 참 어려운 일인데, 그 마음을 아는 두 사람의 배틀

사이에 내가 끼었다. 이 또한 희귀한 일이니, 성실히 배달의 임무를 다해야겠다고 생각하며 오늘의 산책을 마친다.

2024년 2월 12일 월요일　　산책 342일 차

총 걸음 91보

총 거리 0.05km

오늘 우리 집 현관문은 휴무.
무척 오랜만인 것 같다. 현관문을 한 번도 열지 않은 날.

일요일인 어제, 휴일에도 여는 근처 병원을 검색해 집을 나섰다. 엉덩이에 주사를 놓으려던 간호사 선생님이, "어머, 뜨거워!" 멈칫했다. 39.5도. 의사 선생님의 입에서 '코로나'라는 단어가 흘러나왔다. 나는 아직 밖에선 마스크를 벗어 본 적이 없다. 설 연휴에 가족들을 만난 게 다인데, 나 말고는 모두 괜찮다고 했다. 가족 중 내가 제일 면역력이 떨어져 나만 아픈 건가. 그래도 다행이다. 나만 아파서. 이렇게 아파 본 것도 오랜만이네, 뒤척이며 자다 깨다를 반복한다. 코로나가 한창일 때 병원에 계셨던 아버지를 잠시 떠올렸던 것도 같다.

당분간 산책을 못 하겠구나, 라고 생각하니,
출근하는 마음으로 이어 온 산책이라,
어쩐지 병가를 낸 것만 같다.

2024년 2월 17일 토요일   산책 347일 차
　　　　　　　　　　　　총 걸음 7,063보
　　　　　　　　　　　　총 거리 4.4km

일어나니, 아직 잔기침은 있으나 몸이 한결 편하다.
결국 일주일을 꼬박 앓아야 하는 거였나 보다. 하얀 쌀밥이 먹고 싶다. 쌀을 끊은 지 1년쯤 됐는데, 먹고 싶다는 생각을 처음 한다. 역시 아플 땐 쌀밥인 건가. 1년 만에 전기밥솥을 꺼냈다.

반 공기 정도를 먹고, 조금 걷는다.
길을 지나는 모든 사람이 나를 앞질러 간다.
원래 내가 이 정도 속도로 걸었던 걸까.

나는 다시 느림보가 됐다.

2024년 2월 22일 목요일   산책 352일 차

총 걸음 4,590보

총 거리 2.7km

후유증이 오래갈 모양이다.
컨디션이 왔다 갔다를 반복해 며칠을 또 꼬박 앓으며 잤다. 그런데 오늘 눈을 떠 창문을 여니, 온 세상이 하얗다. 밤새 눈이 많이 내렸나 보다. 올겨울 마지막 눈이려나.

아직 몸이 온전하진 않지만, 좀 걷고 싶다는 생각이 든다. 공원으로 가는 오르막이 처음 산책을 시작했을 때만큼이나 힘겹다. 거의 2주를 앓으며 신생아처럼 잠만 잤더니, 서서 걷고 있는 나에게 적응할 시간이 필요하다.

공원에 사람이 꽤 많다.
오후 들어 영상의 기온이 되어 따뜻해지기도 했고, 나처럼 올겨울 마지막 눈을 보러 나온 사람들인가 보다. 여기저기서 사진 찍는 사람들이 보인다.

한 젊은 아가씨가 산책로에서 누군가의 사진을 찍어 주고 있다. 찍히는 사람의 포즈가 굉장히 발랄하고 다양하다. 빨

간 패딩에 빨간 털모자, 양 갈래로 땋은 머리를 한 피사체는 멀리서 봤을 땐 또래 젊은 사람인 줄 알았는데, 가까이 다가가자 젊은 할머니시다. 모녀지간인가. 눈 쌓인 공원으로 함께 산책을 나와 서로의 사진도 찍어 주고 무척 다정한 모녀인가 보네, 생각하며 지나친다.

북적이는 산책로를 느릿보 걸음으로 걷고 있자니 좀 민폐인 것 같기도 하고, 나도 좀 답답하여 한적한 숲길 쪽으로 접어든다. 그렇게 몇 걸음 걸었을 때, 이어폰 사이로 누군가의 목소리가 들려왔다. "학생! 학생!" 나를 부르는 것이라곤 생각지 못해 계속 걸었다. 그런데 잠시 후 뒤에서 누군가 빠른 걸음으로 다가와 내 등을 톡톡 친다. 흠칫 놀라 돌아보니, 아까 그 젊은 할머니다. 빨간 패딩에 빨간 털모자, 양 갈래로 땋은 머리를 한 젊은 할머니가 발개진 볼로 환하게 웃으며 서 계신다. "학생! 나 사진 좀 찍어 줘!" 주변을 두리번거린다. 나도 모르게 할머니의 딸(이라고 내가 착각했던 젊은 아가씨)을 찾는다. 저쪽 산책로에서 지나가는 그녀가 보인다. 두 사람은 모르는 사이였구나.

할머니는 나에게 본인의 휴대폰을 맡기시곤, 경쾌하고 빠른 걸음으로 길이 없는 나무숲 사이로 들어가신다. 그리고 다시 굉장히 발랄하고 다양하게 포즈를 취하시는데, 나는 그 모습을 열심히 찍는다. 원하시는 포즈를 다 취하신 건지, 할머니가 나무숲 사이에서 다시 내게로 걸어온다. 휴대폰을 받아 사진을 확인하신다. "어머! 너무 예쁘다, 너무 예뻐!" 연신 느낌표가 찍힌 말씀을 내뱉으시는데, 머쓱하게 나는 고개를 꾸벅, 작별 인사를 하고 돌아선다. "학생, 고마워!!!" 느낌표가 여러 개 찍힌 듯한 할머니의 경쾌한 목소리에 다시 뒤돌아 꾸벅, 꾸벅, 연거푸 인사를 하곤 (지금 내 컨디션에선) 굉장히 빠른 걸음으로 숲길을 벗어난다.

그렇게 한참을 더 걷다, 하얀 눈밭에서 나를 돌아보는 고양이와 눈이 마주쳐 잠시 멈춰 섰다. 숨은그림찾기처럼 배경과 하나가 돼 버린 흰검 얼룩 고양이가 계속 그 자세로 나를 바라보고 있는데, '뭐 하니? 어서 사진 찍어.' 포즈를 취해주고 있는 것 같아 나도 모르게 휴대폰을 꺼낸다. 내가 사진을 찍고 나자, 그제야 제 할 일 다 하신 듯 가던 길을 가신다. 그리고, 그제야 나도 조금 웃음이 났다. 아까 만난 젊은 할머니가 떠올라서였다. 그토록 밝고 해맑은 표정과 목소리는 타고나는 거겠지. 어쩐지 나는 한 번도 가져 본 적 없는 표정 같은데, 그 표정을 떠올리니 마스크 안에서 내 입꼬리도 조금 올라간다. 내 얼굴의 근육들이 조금 어색해하는 것이 느껴진다. 아, 앓고 나서 처음 웃는 건가. 그제야 나도 할머니에게 '저도 고맙습니다.' 마음속으로 답인사를 한다.

올겨울 마지막 눈을 본 것도, 해맑고 예쁜 표정을 가진 할머니를 만난 것도, 흰검 얼룩 고양이를 만난 것도, 뽀드득 뽀드득 눈 밟는 소리를 들으며 걸은 것도, 그렇게 걸으며 조금 웃은 것도, 다 좋았다.

조금 앓기도 했고, 조금 힘든 날도 있었고, 마음이 조금 추운 날도, 내가 참 못났다는 생각에 조금 울적해지는 날도 있었지만, 그래도 좋은 겨울이었다. 좋은, 겨울 산책이었다.

2024년 2월 23일 금요일　　　산책 353일 차

총 걸음 11,759보

총 거리 7.4km

몸이 온전치 않아, 조금씩 쪼개 걷는다. 어제도 가 보고 싶었지만 체력이 끝나 가 보지 못한 작은 공원으로 향한다.

영상의 기온이라, 하루만 지나도 이렇게 눈이 다 녹아 버리는구나. 조금 아쉬워하려는 찰나, 녹아 가는 눈밭 사이로 올라온 푸른 새순들이 눈에 들어온다. 보도블록 사이사이 좁은 틈새로도 푸른 이끼가 올라오고 있다.

겨울과 봄이 교차하는 계절인 건가. 수묵화처럼 흰색과 검은색의 세계였던 겨울이 초록빛을 시작으로 서서히 수채화로 변해 가는 순간을, 지금 내가 목도하고 있는 것만 같다. 1년을 걷는다는 것은 사계절을 걷는다는 것인 동시에, 그 틈새를 걷는 것이기도 하구나. 그 틈새에서 내 마음도 간사하게 왔다 갔다를 반복한다.

지나는 겨울을 아쉬워하다가도,
고새 또 봄을 생각하면 마음이 설렌다.

2024년 2월 27일 화요일 산책 357일 차

총 걸음 7,168보

총 거리 4.8km

매일 현관문을 열던 시절이 십여 년 전에도 한 번 있었다. 아직 라디오 작가였던 시절, 잠시 일을 쉬고 3개월가량 교토에 머물 때였다. 그때 내게 교토를 추천했던 선배가 이런 말을 했다. "하루에 한 사찰씩만 가도 90일론 모자라." 매일 서너 시간씩밖에 못 자고 일을 하던 시절이라, 갑자기 주어진 휴가가 낯설기도 했고, 이 시간을 허투루 써 버리면 안 될 것 같다는 압박감이 있었는지, 그 시절 나는 매일 자전거를 끌고 나가 교토를 둘러봤다. 선배의 말은 맞았다. 90일을 머물렀지만, 나는 교토의 모든 사찰을 다 돌아보진 못했다.

그땐 한여름이었는데, 어느 날 자전거로 가모가와강의 다리를 건너다 문득 이런 생각을 했다. '일본 애니메이션에서 보던 그 하늘이 다 진짜였구나.' 펄쩍 뛰면 손에 잡힐 듯 뭉게뭉게 낮게도 흘러가는 구름들을 보며 그런 생각을 했다. 매일 하늘을 보며, 자주 카메라를 꺼내 하늘 사진을 찍었다.

1년 동안 서울을 걸으면서도, 매일 하늘을 보고 자주 사진을 찍었다. 교토에서 봤던 뭉게구름부터, 층층이 퍼져 가는 양떼구름, 면사포 마냥 하늘을 덮어 햇무리를 일으키는 햇무리구름, 하늘색 도화지에 누군가 하얀 수채화 물감으로 쓱 붓질을 해 놓은 듯 옅게 퍼져 있는 구름, 비행기가 지나간 자리에 남은 비행운, 비를 잔뜩 머금은 먹구름, 고담 시티를 연상시킬 정도로 한낮에도 세상을 온통 검게 만들어 버리는 먹장구름, 태풍이 오기 전 석양빛에 물들어 여러 빛깔을 내뿜던 꽃구름, 강아지나 공룡을 연상시키는 재밌는 조각구름들까지. 매일 하늘을 보며 꽤 자주 사진을 찍었다. 서울의 구름도 이렇게 다양하고 예쁜데, 몰랐네. 그런 생각을 많이 했다.

늘 가까이에 있는 것을 놓친다. 익숙한 것에 무심해진다. 당연한 것에 대해선 종종 그 당연함조차 잊어버리고, 그러다 잃어버린다. 1년을 걸으며, 하늘 사진을 찍으며, 그런 생각을 했다.

2024년 2월 28일 수요일   산책 358일 차
총 걸음 147보
총 거리 0.08km

아직 코로나 후유증이 사라지지 않아 체력이 온전치 않은데, 내일 비행기를 탄다. 코로나 전부터 몇 년을 계속 기약만 했던 식덕 지인들과의 여행. 다들 입출국 날짜가 달라, 여덟 명이 모두 모이는 날은 2박 3일뿐이지만, 오랫동안 기약하고 준비해 온 만큼 그 2박 3일 동안의 식사는 전부 예약이 되어 있고 일정도 꽤 빡빡하다. 내 몸이 버텨 주려나.

'휴식 중에 몸이 성장합니다!'

꼭 매일 운동을 해야 한다는 강박을 갖지 말라며, 링피트가 해 준 말을 꺼내 본다. 실은 여기저기 나를 합리화하는 데 써먹기 좋을 것 같아, 내 무의식이 알아서 저장해 놓은 말일지도 모르겠다. 우리는 알게 모르게 그런 말들, 그런 이유를 수집한다. 적어도 나는 그렇다. 위로가 절실히 필요했던 시절, 여기저기서 나의 자의식이 혹은 무의식이 끌어모은 위로의 말들, 위로의 순간들을 모아 '희한한 위로'라는 제목으로 책을 낸 사람이 나다.

상대방이 백 마디 말을 해도 집으로 돌아오는 길엔 내가 듣고 싶었던 한마디 말만 계속 머릿속을 맴도는 것처럼, 이런 저런 노래를 듣다가도 그 순간 내 마음을 알아주는 것 같은 가사에 멈춰 서는 것처럼, 수많은 책을 보면서도 내가 그 순간 필요했던 글귀에 밑줄을 긋는 것처럼(실제로 나는 정말 그런 것 같다. 몇 년 후 같은 책을 펼쳤을 때, 내가 왜 이 글귀에 밑줄을 그었지? 의아해하다 그 시절의 나를 기억해 내곤 '아…' 하는 경우가 종종 있다), 우리는 알게 모르게 내가 듣고 싶은 말, 지금 나에게 필요한 말, 나를 위로하고 합리화하는 데 필요한 말들을 수집한다.

동네 어느 미용실 앞에 늘 까만 칠판 하나가 놓여 있다. 칠판엔 캘리그래피 같은 색색깔의 손 글씨가 쓰여 있는데, 며칠에 한 번씩 문구가 바뀐다. '가끔은 길을 잃어도 괜찮아요.', '오늘은 나를 더 사랑해 주세요.', '승리는 자신감을 가진 사람의 편이다.' 같은, 좋은 문구지만 또 그래서 어디선가 한 번쯤은 들어 본 것 같은 평범한 문구들이 며칠에 한 번씩 바뀌는 걸 1년쯤 지켜보면서, 나는 좀 궁금해졌다. 고심해서 문구를 고르고 있을 사람의 마음, 고른 문구를 또 칠판에 정성을 다해 쓰고 있는 그의 마음, 그렇게 완성된 칠판을 오늘도 출근과 함께 미용실 앞에 내놓고 있는 그의 마음, 그 과정의 모든 마음들이 좀 궁금해졌다. 길을 지나는 불특정 다수를 위한 말인 걸까, 아니면 누군가 한 사람을 위한 말인 걸까, 그것도 아니면 문구를 고르고 쓰고 있는 나를 위한 말인 걸까. 그 모두가 정답인 날도 있고, 한 가지만 정답인 날도, 그 모두가 정답이 아닌 날도 있겠지만 (내가 라디오 원고를 쓸 때 그러했듯), 그럼에도 나는 종종 궁금해하고, 가끔은 그의 마음 혹은 나의 마음을 떠올리다 조금 웃으며 그 미용실을 지나치곤 했다. 어디선가 들어 본 듯한 평범하지만 좋은 말들. 하지만 오늘 누군가는 그 문구 앞에서 마음이 잠깐 멈춰 섰을지도 모른다. 오늘 내가 굳이 링피트의 그 문구를 꺼내 본 것처럼 말이다.

'휴식 중에 몸이 성장합니다!'

다시 느릿느릿 일어나 짐을 싼다.
내일부턴 또 엄청 걸을 테니, 오늘은 쉬어 가기로 한다.

2024년 3월 6일 수요일　　　산책 365일 차

총 걸음 6,554보

총 거리 4.6km

어젯밤 늦게 집으로 돌아와, 오늘은 양껏 늦잠을 잔다. 눈을 떴을 때부터 하루를 다 보내고 다시 침대에 누워 눈을 감을 때까지 곁에 사람이 있는 것이 어색한 1인 가구인 나는, 오랜만에 맞는 혼자만의 아침을 만끽한다. 워낙 내적 친밀감이 두터운 사람들과만 여행을 가니, 여행 중엔 늘 곁에 사람이 있다는 것이 그렇게 불편하거나 싫지 않은데도, 혼자 집으로 돌아와 샤워를 하고 침대에 누울 때면 매번, '아 좋다….' 이렇게 되는 걸 보면, 1인 가구가 내 적성에 맞긴 한가 보다.

혼자만의 식사를 하고, 혼자만의 산책을 나선다. 동네를 어슬렁거리며 짧은 기간 뭐가 또 달라진 게 없나, 다른 그림 찾기를 하듯 두리번거리다. 어? 똑같은 배경에서 지난주엔 못 본 것 같은 소품 하나를 발견하곤 잠시 멈춰 선다.

우리 동네엔 옷 수선 가게가 꽤 많다. 구시가지 쪽의 어떤 골목으로 들어서면, 온갖 색깔의 실과 옷감으로 가득한 작은 가게 안에서 재봉틀을 앞에 두고 돋보기 너머로 옷감을 매만지고 있는 아주머니들을 한 집 걸러 한 분씩 만나게 된다. 동대문이 가까워서일까. 그러고 보니 이쪽 골목엔 의류 검수 업체들도 꽤 눈에 띄던데, 원래 이 동네는 이런 가게들이 훨씬 더 많이 모여 있던 곳이었을까. 누군가에겐 할머니라고 불릴 수도 있을 것 같은 아주머니들의 모습에선 벌써 몇십 년째 재봉틀을 다루고 있는 듯한 내공이 느껴져, 그 골목으로 들어설 때면 나도 모르게 발걸음이 느려진다. 내공 두둑한, 말 그대로 달인들의 모습에는 언제나 눈길을 멈추게 하는 그 무언가가 있다. 그런데 오늘 나를 멈춰 세운 것은 달인 아주머니가 아니었다. 달인 아주머니의 재봉틀 앞에 붙은 한 장의 포스터였다.

그렇지, 덕심은 젊은이들의 것만이 아니지.

요즘 엄마들의 세계에서 무척 인기가 많다는 한 젊은 가수의 포스터가, 달인 아주머니의 낡은 재봉틀 앞에 붙어 있다. 얼마 전 지인에게서 이 가수에 대한 이야기를 들은 적이 있다. 지인의 어머님도 그에게 푹 빠져 있는데, 왜 그렇게 그가 좋냐고 묻자 어머님은 이렇게 답을 하셨다고 한다.

"우리 ○○이는 나를 다시 소녀로 만들어 주거든."

언젠가 조용필 선생님의 콘서트에 간 적이 있다. 아무래도 관객들 연령대가 높을 테니 객석 분위기도 비교적 차분할 것이라 예상했던 나는, 무척 편협하고 어리석은 젊은이였다. 두 시간 넘게 열정이 넘치는 환호를 끊임없이 쏟아 내는 어머님들의 모습은, 어느 십 대들보다도 젊고, 아니 어리고, 아름다웠다. 그들 모두가, 마음이 온통 설렘과 호기심으로 가득 찬 소녀의 모습이었다.

젊은 가수의 포스터 아래에서 콧노래를 흥얼거리며 재봉틀을 돌리고 있는 아주머니의 모습이, 예쁘다. 그 모습이 너무 예뻐 보여, 조금 부러운 마음이 들 지경이다. '가난하다고 사랑을 모르겠는가.' 골목을 빠져나오는데 성뚱맞게 신경림 시인의 시가 떠오른다. 호르몬의 지배를 받아 마음이 온통 사랑으로 달뜬 스무 살 문학청년들이 그 시를 읊어 대던 기억도 떠오른다. '달뜬 마음'은 스무 살 언저리의 젊은이들에게나 어울리는 표현 같지만, 나도 어느덧 중년의 나이로 접어드니 이제는 알 것도 같다. 아무리 나이를 먹어도 '달뜬 마음'은 누구에게나 동경의 대상이라는 것을. 늙은이라고 사랑을 모를 리 없다. 달뜬 마음을 갖고 싶지 않을 리 없다. 마음속에 동경 하나 품고 사는 것을 싫어할 리가 없다.

젊은 가수의 포스터, 낡은 재봉틀, 아주머니. 그 모습이 한 장의 사진처럼 내 머릿속에 각인돼 걷는 동안 세상 쓸데없다는 연예인 걱정을 다 해 본다. 그가 사고 치지 않고, 물의 일으키지 않고, 오래오래 아주머니의 이 사랑을, 이 동경의 마음을 지켜 줬으면 좋겠다.

2024년 3월 7일 목요일   산책 366일 차
               총 걸음 11,832보
               총 거리 7.8km

우리 엄마도 사랑에 빠졌나 보다.
낮 산책을 마치고 돌아와 저녁을 먹기 전 오늘도 엄마에게 전화를 건다. 엄마의 목소리가 그 어느 때보다 밝다.

열흘 전쯤, 엄마가 몹시 조심스럽게 이런 말을 꺼냈다. "그 있잖니, 그 로봇청소기라는 거 얼마쯤 하니?" 이때를 놓치면 안 된다는 직감이 내 온몸을 훑고 지나갔다. 나의 하루는 로봇청소기를 돌리는 일로 시작된다. 너 평생 냉장고, TV, 세탁기 같은 필수 가전 외에 가장 잘 산 가전은 로봇청소기라고 생각하고 있다. 하지만 나 또한 의심도 많고 소비가 재빠르고 쉬운 사람이 아니라, 로봇청소기를 살 때까지 굉장히 긴 시간을 보냈다. (스타일러를 사기 전에도 그만큼이나 긴 시간을 보내며 고민했는데, 그때 녹두가 했던 말이 떠오른다. "강세형 작가는 과연 스타일러를 살 것인가. 책 한 권 나오겠어, 이 고민의 여정만으로도! 아, 결말은 제발 꼭 사는 걸로 끝났으면 좋겠다!" 녹두의 원대로 결말이 났고, 나는 지금 스타일러도 몹시 잘 쓰고 있다.) 아무튼 나는 그토록 긴 고민 끝에 로봇청소기를 샀고, 바닥 물걸레질에서 해방됐다. 당연히 주변 모든 지인들에게 권했고 엄마에게도 권했다. 하지만 엄마는 단호히 거절했다. 그 후 몇 번이나 더 권했지만 늘 거절, 거절, 거절. (그냥 보내면 분명 반품하라고 매일매일 나를 괴롭히고 쓰지도 않을 분이라, 그럴 수도 없었다.) 그랬던 엄마가 먼저 이 말을 꺼낸 것이다. "그 있잖니, 그 로봇청소기라는 거 얼마쯤 하니?"

왜 엄마들은 다 그런 걸까. 자식들 말은 귓등으로도 안 들으면서, 엄마 친구들 말에는 마음이 움직이는 것일까. (내 친구들의 엄마들도 그랬다. 내가 사 주겠다고 해도 싫다던 걸, 친구들 한마디에는 냉큼 사는 엄마들 마음은 뭘까. 우리도 어렸을 때 그런 식으로 엄마 말을 안 들었을까. 지금 다 복수 당하고 있는 걸까.) 엄마가 친구네 집에서 그 아이를 본 것이다. 그리고 부러웠던 것이다. 나는 이때를 놓치면 안 됐다. 전화를 끊자마자 검색을 돌려 최저가를 찾아내 바로 엄마 집 주소를 적어 넣었다. 내가 가진 오래된 로봇청소기보다도 훨씬 상위 버전인, 스스로 주차를 마치고 걸레까지 빠는 아이로 보내드렸다. 그리고 며칠 후 엄마 집에 가서 설치해 드리고, 사용법도 알려 드렸다.

그리고 우리 엄마는, 사랑에 빠졌다.

엄마는 이 아이를 이제, '이쁜이'라고 부른다.

"이쁜이가 소파 밑에도 다 들어가서 깨끗하게 닦고 나오는데, 오매 우리 이쁜이. 오늘도 한참이나 지켜봤다. 청소 마치고 딱 지 집 찾아 들어가서 걸레를 빠는데, 내가 아주, 이쁜아 수고했다. 오늘도 고생했어. 엄청 칭찬해 줬다."

엄마의 목소리가 그 어느 때보다 밝다. 방금까지 이쁜이에게 칭찬을 해 주고 계셨던 모양이다. 사랑이라는 것이 이렇게 귀한 것이었다. 마음을 쏟을 곳이 있다는 것은 이리도 중한 것이었다. 엄마 마음에 이쁜이가 그저 당연한 것이 되기 전까지는, 엄마 마음에 대한 나의 걱정은 조금 덜어 놔도 될 것 같아, 전화를 끊으며 나도 이쁜이에게 감사 인사를 한다. 이쁜아 고마워. 고장 나지 말고, 사고 치지 말고, 엄마 마음 잘 지켜 주고 있어!

다시, 봄

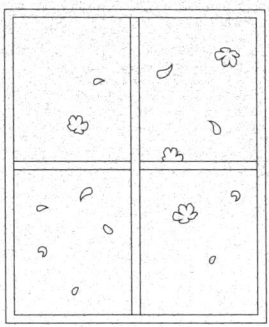

소멸을 앞둔 봄을 걷는다.
내일이면 사라져 버릴 꽃잎들을 보며 걷는다.

결국은 또 모든 것이 떠나갈 것을 알지만,
그래도 인간의 욕심이 마음 한편에서 삐쭉 고개를 드민다.
조금 천천히, 떠나갔으면 좋겠다.

이 봄도, 소멸을 앞둔 모든 생명들도.

2024년 3월 10일 일요일   산책 369일 차

총 걸음 15,032보

총 거리 10.4km

영상 11도.
꽤 따뜻해진 날씨에
일요일의 공원에도 사람이 제법 많아졌다.

두텁게 입은 나의 옷이 조금 무겁다고 느껴지고, 얼었다 녹아 추해졌던 화단의 꽃양배추들은 모두 사라졌다. 봄 화단을 위해 단정하게 골라진 땅. 곧 새 식물들이 들어올 모양이다.

우리 집 실내 식물들을 위해 나도 비료를 시작해야겠네, 라고 생각하자 마음이 또 복잡해진다. 겨우내 고생했을 아이들에게 영양을 듬뿍 주고 싶은 마음과 여기서 더 무력무력 자라면 그것도 곤란한데, 두 마음이 교차한다. 너무 안 자라도 걱정, 너무 잘 자라도 걱정. 인간의 삶은 늘 걱정투성이인 걸까. 아니면 그냥 나란 인간이 그런 사람인 걸까. 그것이 불가능하다는 걸 알면서도 오늘도 나는 잠시 어리석은 생각을 한다. 내가 원하는 딱! 그 순간 모든 것이 멈추고 그 상태가 영원히 지속되는, 불가능한 꿈에 대한 상상 속에서 한참을 거닌다. 그러다 문득, 더 이상 식물에 대한 생각을 하고 있는 것이 아니라는 것을 깨닫고, 다시 현실로 돌아오기로 한다.

봄이 오고 있다.
겨우내 앙상했던 나뭇가지에 푸릇푸릇 새순이 올라오고 있다. 내가 원하는 딱! 그 순간 모든 것이 멈추고 그 상태가 영원히 지속되는, 그것은 물론 불가능하기도 하지만 또 마냥 좋은 것만도 아니겠지.

변해 가는 계절 속을 걸으며 집으로 돌아온다.

2024년 3월 14일 목요일   산책 373일 차
총 걸음 15,024보
총 거리 9.9km

손톱달이 뜬 밤길을 걷는데, 횡단보도 앞에 서 있는 아주머니 세 분이 보인다. 세 분에겐 요즘 공통의 관심사가 있는 모양이다. "하나둘, 하나둘 셋. 아니, 아니. 오른발을 이쪽으로 이렇게, 하나둘." 무슨 춤인지는 잘 모르겠는데, 세 분이 번갈아 가며 혹은 동시에 스텝을 밟으며 서로의 포즈를 봐주고 계신다. "이게 맞나?", "그거 아닌 거 같은데…." 그러다 또 깔깔깔 동시에 웃음을 터트리신다. 유쾌한 그 모습이 보기 좋아 다음 신호를 기다리는 척 나도 잠시 횡단보도 앞에 멈춰 선다. 너무 빨리 초록불이 켜진다. 아쉬운 마음으로 길을 건너면서도 잠시 아주머니들을 돌아본다.

두 팔을 활짝 벌린 채 가곡을 부르며 산책을 하시던 어떤 할머니를 떠올린다. 재활용품 분리 수거장에서 오솔레미오를 부르며 수거 용품을 정리하시던 나이 지긋한 경비 아저씨도 떠오른다. 어느 신발 가게 안에서 플루트 연습을 하고 계시던 아주머니도 생각난다. 길을 걷다 만나는 이런 어르신들을 보면, 어쩐지 눈길이 간다. 나이를 먹어서도 나만의 세계, 나만의 즐거움을 갖고 있고, 또 찾고 있는 사람들에 겐 뭔가 반짝거림이 있다.

횡단보도를 다 건너서도 한 번 더 돌아본다.
하늘 위로 손톱달이 예쁘게 떠 있고,
하늘 아래에선 아주머니 세 분이 여전히 스텝을 밟고 있다.
소녀 마냥 반짝반짝 웃으면서.

2024년 3월 18일 월요일　　　산책 377일 차

총 걸음 12,622보

총 거리 8.5km

지난 나의 여름 산책길에 큰 즐거움이 되어 주었던 무인 아이스크림 할인점이 문을 닫았다. 그게 벌써 한두 달 전이긴 하다. 가게는 새로운 주인을 찾지 못해 여전히 불 꺼진 아이스크림 가게일 뿐이고, 사람들의 발길이 끊긴 생기 잃은 가게는 점점 낡아 간다.

불이 꺼진 깜깜한 가게 앞에 죽은 화분 두 개가 놓여 있다. 마지막 잎새 마냥 마른 잎 한 개씩만 아슬하게 매달려 있는 이미 죽어 버린 화분에, 싸구려 영양제가 꽂혀 있다. 그마저도 이미 빈 통이다.

이 아이를 살려 보려 여기에 영양제를 꽂고, 날이 따뜻해졌으니 혹시 하는 마음으로 화분들을 밖에 내어놓았을 누군가의 마음. 그 마음이 나의 발길을 붙잡아, 집으로 가는 길 자꾸만 나는 뒤를 돌아본다.

2024년 3월 21일 목요일   산책 380일 차
　　　　　　　　　　　　 총 걸음 14,428보
　　　　　　　　　　　　 총 거리 9.5km

공원에도 성북천 산책로에도 각종 운동 기구들이 배치돼 있다. 그 기구들은 대부분 어르신들 차지다. 그리고 매번 놀란다. 능숙한 솜씨로 기구들을 순회하며 운동을 하고 계신 어르신들을 보면 나보다 더 건강하고 유연해 보인달까.

봄이 오면서 사람들의 몸차림이 가벼워졌다. 오늘은 어떤 할머니가 하늘 걷기, 공중 걷기라고 불리는 기구 위에서 앞뒤로 발을 힘차게 움직이고 계신데, 펄럭이는 꽃무늬 롱스커트를 입고 계신다. 할머니의 발이 벌어질 때마다 꽃이 퍼졌다가 다시 수그러들고, 퍼졌다가 다시 수그러든다. 그러고 보니 지난봄에는 까만 바탕에 하얀 땡땡이가 그려진 롱스커트를 입은 할머니의 모습을 한참 지켜봤다. 커졌다 작아졌다를 반복하는 땡땡이 무늬가 너무 중독적이라 눈을 뗄 수가 없었다. 혹 이 운동 기구의 드레스 코드는 플레어 롱스커트인 걸까.

펄럭이는 할머니의 롱스커트에서 자꾸만 꽃이 피어난다.

공원의 산벚나무들에도 어느새 꽃망울이 맺히기 시작했다.

이제부터 시작이려나.
봄꽃들이 피어나기 시작하면,
매일매일 공원의 색이 달라질 것이다.

벌써부터 내일의 공원 풍경이 기다려진다.

2024년 3월 24일 일요일   산책 383일 차

　　　　　　　　　　　　　　총 걸음 13,351보

　　　　　　　　　　　　　　총 거리 9.1km

최고 기온이 23도까지 올라왔다.

단풍나무 끝에 매달린 말라빠진 잎들은 아직 다 떨어지지 않았는데, 모과나무의 연둣빛 새순, 개나리와 산수유나무의 노란 물결, 산벚나무의 연분홍 꽃망울까지 공원의 색이 다채로워지고 있다. 소멸과 생성이 교차하는 계절, 뇌가 열리고 말이 쏟아진다.

날씨가 인간에게 미치는 영향이 이리도 크다는 걸,
새삼 또 깨닫는다.
걷다 문득, 행복하다는 생각이 들었기 때문이다.

꽤 오래전, 아직 라디오 일을 할 때 사연을 읽다 무심코 이런 말을 내뱉었다. "이게 말이 돼?", "뭔데요, 언니." 옆에 있던 후배도 함께 사연을 읽기 시작했다. 80%의 사람들은 자신의 삶이 대체로 행복하다고 느낀다는 어느 설문 결과로 시작되는 사연이었다. 후배가 말했다. "왜요, 언니. 저도 대체로 행복하다고 생각하는데요?" 후배의 눈빛이 너무 해맑은 진심이라 나는 좀 놀랐다. 사람들과 얘기를 하다 보면, 다들 힘들다는 얘기(더 나아가 내가 제일 힘들다는 얘기)를 하느라 바쁘던데, 실은 80% 이상은 대체로 행복하다고 생각하고 있었다고? 약간 배신감이 들기도 했다. 머릿속에 물음표가 생기면, 사람들을 만날 때마다 질문을 하는 버릇이 있다. 그 후 꽤 오랫동안 사람들에게 같은 질문을 했다.

"너는 너의 삶이 **대체로** 행복하다고 생각해?"

'행복하다'의 사전적 정의는,
'생활에서 **충분한** 만족과 기쁨을 느끼어 흐뭇하다.'

대체로, 충분한.
이 부사와 형용사가 나에겐 늘 걸림돌이 됐다. 내가 행복하다고 말할 자격이 되는가. 내가 과연 그런 삶을 살고 있는가. 실은 아직도 잘 모르겠다. 대체로와 충분한은 아직도 내겐 너무 큰 단어다.

그런데,
걷기 딱 좋은 계절.

오늘 이 계절을 걷고 있는 나는,
자격이고 나발이고,
대체로고 충분한이고는 다 잘 모르겠고,
적어도 지금 이 순간의 나는, 행복하다고 생각하고 있었다.

언젠가 이런 기사를 읽은 적이 있다. 시간 가는 줄 모르고 스스로 잘하고 있다고 느끼며 하고 있는 행위를 마스터 경험 또는 몰입flow이라고 하는데, 일상에서 마스터 경험을 많이 하는 사람일수록 행복 지수가 높다고 했다.

오늘도 쪽 찐 머리를 하고 NB 아주머니가 나를 앞질러 뛰어간다. 오늘도 엄마는 시간 가는 줄 모르고 급식 수준으로 엄청난 양의 음식을 하고 있다. 식덕 친구는 오늘도 분갈이를 하고 잎을 닦으며 시간을 보내고 있고, 자려고 누워서도 딱 500미터만 수영하고 자면 좋겠다고 생각한다는 수영 중독 요즘의 노랑이는 오늘도 이른 아침 수영장에 갔다. 공원 정자에선 오늘도 탁! 경쾌한 바둑알 놓는 소리가 들려온다. 테니스장에선 팡! 시원하게 공 치는 소리가 담장 너머로까지 흘러나온다. 운동 기구들을 순회하며 땀을 흘리는 어르신들, 오솔길에서 고양이들을 돌보고 있는 캣맘들을 본다.

나에게는 걷기 좋은 이 날씨가, 누군가에겐 공원에서 바둑

두기 좋은 날, 수영하기 좋은 날, 요리하기 좋은 날, 달리기 하기 좋은 날씨겠지. 무엇을 하든 좋은 이 날씨에, 모두가 마스터 경험, 몰입에 빠져 행복을 수집하고 있다.

대체로, 충분한.
꼭 그렇지 않아도 되는 것이었을지도 모르겠다.
내가 생각하는 행복의 기준이, 너무 높았던 걸지도 모르겠다.

일상의 한 순간, 순간들이 모여 행복이 쌓여 간다. 모두가 그렇게 열심히 행복을 수집해 간다. 봄은 행복을 수집하기에도 좋은 날씨구나.

이 날씨가 아까워 저녁을 먹고 동네 한 바퀴를 더 돈다. 문 닫은 고깃집 앞에 놓인 테이블에 중년의 남녀가 앉아 휴대폰 불빛에 의지해 술잔을 기울이고 있다. 발그레한 두 사람의 표정에서 사랑이 읽힌다. 시끌벅적한 도심의 밤거리에서, 그 공간은 두 사람만의 것이었다. 봄은 사랑을 하기에도 좋은 날씨구나.

뇌가 열리고 말이 쏟아진다.
나 또한 더 걷고 싶기도 하고, 얼른 집으로 돌아가 글을 쓰고 싶기도 하다.

허허. 놀기도 좋은 계절이며, 글쓰기에도 좋은 계절이구나.
허허. 봄은 정말 요물인가 보다.

2024년 3월 27일 수요일   산책 386일 차
총 걸음 11,496보
총 거리 7.5km

오늘은 앵두나무에 하얀 꽃이 피었다.
하루가 다르게 매일매일 공원에 색이 더해지고 있어,
낮 산책이 즐겁다.

어떤 이가 산딸나무 아래 벤치에 앉아 책을 보고 있다. 그 모습이 조금 낯설게 느껴져 나도 모르게 자꾸만 돌아봤다. 휴대폰으로 웹 소설을 보고 있는 것도 아니고, 야외에서 이북 리더기도 아닌 종이책을 보고 있는 사람은 정말 오랜만인 것 같다.

공원 벤치에서도, 카페에서도, 지하철에서도 종이책을 보고 있는 사람을 쉬이 볼 수 있던 시절이 있었다. '있었다'라고 표현해야 할 만큼 벌써 먼 과거처럼 느껴진다. 내 주변에도 많은 이들이 더 이상 책을 읽지 않거나, 이북 리더기나 아이패드 등으로 넘어갔지만, 나는 아직 종이책을 본다. 이북 리더기를 안 써 본 것은 아니나, 나에겐 좀 아쉬움이 있었다. 결국 다시 종이책으로 돌아와 여전히 종이책을 사고 종이책을 본다.

또한 나는 아직 종이책을 출간하는 작가다. '요즘 누가 종이책을 사. 누가 종이책을 봐.' 종이책을 내는 것은 이제 시대에 뒤떨어지는 일이다, 촌스러운 일이다, 말하는 사람들이 있다는 얘길 들었다. 머지않아 종이책은 없어질 거라고 말하는 사람들도 꽤 많이 봤다. 하지만 나는 '요즘은 다 그래'라는 말을 별로 신뢰하지 않는 사람이라, 그 정도로 비관적이진 않다. 텔레비전이 나왔을 때 라디오는 곧 없어질 거라고 했지만, 라디오는 여전히 존재한다. '누가 요즘 라디오를 들어?' 누군가는 그렇게 말할 수도 있겠지만, 팟캐스트를 포함해 귀로만 무언가를 듣고 싶어 하는 사람들은 여전히 존재한다. 물론 플랫폼이 워낙 다양해지고 있으니, 라디오나 종이책 시장 또한 점점 작아지고 있다는 것까지 부정하고 싶진 않다. 나 또한 실제로 언제까지 종이책을 내는 작가로 살 수 있을까, 라는 생각을 한다. 하지만 독자로서의 나는 아직 종이책을 사고, 종이책을 보는 사람이라서 그런지, 종이책이 사라진 세상을 아직까지는 상상하기 어렵다. 설마 내가 종이책을 보는 마지막 사람이 되진 않겠지. 내가 뭐라고.

그래서인지 이렇게 가끔 공원 벤치에서, 카페에서, 지하철에서, 혹은 여행 중 종이책을 보고 있는 사람들을 보면 눈길이 간다. 내가 조금 덜 외로워지는 기분이 든달까. 내가 그 마지막 1인이 아니라는 걸 함께 증명해 주고 있는 사람들 같아서 자꾸만 돌아보게 된다. 하긴, 세상엔 언제나 어느 분야에나 나보다 더한 덕후들이 있었다. 그들이 지켜 주겠지. 내가 마지막 1인이 되도록 그들이 내버려둘 리가 없어.

책을 읽기에도 좋은 계절이다.
어젯밤 주문한 책이 현관문 앞에서 나를 기다리고 있다.
오늘의 산책은 여기까지.
돌아가 종이책 페이지를 넘기는 기쁨을 만끽해야겠다.

2024년 3월 29일 금요일   산책 388일 차
　　　　　　　　　　　　총 걸음 8,214보
　　　　　　　　　　　　총 거리 5.5km

제1권 452쪽, 650g
제2권 716쪽, 968g
제3권 804쪽, 1,074g

세 권의 책을 쌓아 놓았는데,
그 옆으로 여덟아홉 권 정도가 쌓여 있는 책더미보다 높다.
그리고 어쩐지 나는 조금, 좋다.

나는 사실 편식 대마왕이다. 나의 냉장고를 열어 볼 때마다 자몽 언니는 말한다. "취향 참 소나무야." 언젠가 내 식탁에 올려져 있는 빵을 보고 녹두는 이렇게 말했다. "누가 왔다 갔어? 언니가 살 빵이 아닌데?" (사실이었다. 전날 누군가 사 온 빵이었다.) 그런 나를 두고 닌자는 '자본주의의 적'이라고 한다. 자본주의 경제 시스템에선 늘 새로운 물건이 나타나야 하며 그 물건이 소비돼야 하는데, 나는 늘 먹는 것만 먹고, 쓰던 것만 쓰고, 입는 것만 입는다.

독서에 있어서도 나는 굉장히 편식하는 편이다. 어쩌면 조금 민망한 고백일 수도 있는데, 나는 에세이를 쓰고 있지만, 실은 에세이는 거의 보지 않는다. 첫 책을 내기 전, 교과서에 나올 정도로 유명한 수필 정도는 알고 있고 읽었지만, 실제로 내가 완독한 에세이 책은 거의 없었던 것 같다.

나는 서사 중독이다. 어렸을 땐 그저 활자 중독인 줄 알았는데, 나이를 먹어 가면서 '아, 내가 실은 서사 중독이구나'를 깨달았던 것 같다. 내가 보는 책의 80% 이상은 소설이다. 그중에서도 장편 소설을 선호하고, 단편 소설 중에서 서사 없이 아이디어만 가지고 끝을 보려는 것에는 크게 몰입하지 못한다. 내 독서의 나머지 20%는 거의 인문학이나 과학 관련 도서인데, 그런 책들 또한 기승전결의 서사 구조가 빈약해 그저 나열 나열로만 이루어져 있으면 자꾸 끊어 읽게 되고, 결국 완독하지 못하는 경우도 허다하다. 책을 낸 이후로는 가끔 에세이도 보지만, 에세이에도 서사를 담아내는 작가의 작품을 좋아한다. 영화나 드라마를 볼 때도 나는 한결같았다. 아무리 미장센이 훌륭해도, 아무리 음악이 좋고 상징성이 뛰어나고 대사가 좋고 디테일이 살아 있다고 극찬받는 작품이라 해도, 내 마음이 움직이지 않는 작품들은 대부분 기본 서사 구조가 빈약하거나, 영화 기법상 아예 서사를 무시하기로 한 작품들이었다.

넷플릭스에서 드라마 '삼체'를 보고, 이 이야기는 분명 원작이 있다라고 확신했다. 그것도 드라마에 담지 못할 정도로 아주 커다란 덩어리의 어떤 이야기가 숨어 있을 것이 틀림없으며, SF와 판타지에 언제나 후한 나는 그 이야기를 분명 좋아하리라 생각했다.

그리하여 도착한 세 권의 책.
아직 첫 장도 펼쳐 보기 전인데, 그 두툼한 분량에 나는 몹시 흐뭇해하며 히죽거리고 있었다. 그리고 꺼달았다.

아, 나는 지금 '안심'이란 감정을 즐기고 있구나.

나는 서사 중독인 동시에,
안심 중독인지도 모르겠다는 생각을 종종 한다.

내가 아직 그저 활자 중독인 줄만 알았던 어렸을 때부터, 나는 늘 '다음 책'이 있어야 했다. 책을 절반쯤 읽었을 때부터 불안해졌기 때문이다. 그래도 그때는 무엇이든 닥치는 대로 읽고 흡수하던 시기라 어떤 책이든 다음 읽을거리만 있으면 족했다. 하지만 점점 취향이라는 것이 생기고 독서에서도 편식을 하기 시작하면서부터는 '안심'하기가 좀 더 어려워졌다. 다음에 읽을 '재밌는' 책이 준비돼 있어야 했기 때문이다. 하지만 재밌는 책, 나를 몰입하게 하는 책, 시간 가는 줄 모르고 페이지를 넘기다 아침을 맞게 하는 책을 만나는 건, 사실 어렵다. 점점 더 어려워졌다. 그저 '괜찮네, 흥미롭게 봤어.' 이 정도 책을 고르는 것도 쉽지 않았다.

'태백산맥' 열 권을 쌓아 놓고 읽는 것이 즐거웠다. '토지' 열입곱 권을 읽는 동안 행복했다. '얼음과 불의 노래'는, 아직 끝나지 않아 조금 덜 설렜던가. (우리 RR 선생님은 도대체 언제쯤 6부를 내주실 것인가. 드라마 '왕좌의 게임'은 끝난 지가 언젠데….) 다음 책에 대한 걱정, 선택의 어려움, 선택 후 실패에 대한 실망. 그 모든 과정을 한참이나 뒤로 미뤄 주는 재밌는 장편 소설은 독자로서의 나에게 언제나 가장 큰 즐거움이었다. 그러니 내가 장편 소설을 선호하는 데는 서사 중독만큼이나 '안심'이란 감정 또한 큰 역할을 하고 있는지도 모르겠다는 생각을 종종 한다.

내가 분명 좋아할 만한 이야기가 담긴 책.
무기로도 쓸 수 있을 만큼 아주 두꺼운 책 세 권이,
지금 내 책상 위에 있다.

산책길이 설렌다.
봄바람이 제법 따뜻해서 설레고,

봄은 책 읽기에도 좋은 계절이라 설레고,
집에는 또 (오늘 꼭 읽지 않는다 해도) 내 책상 위에서 나를 기다리고 있는 재밌는 이야기가 있다는 것간으로도 나는 안심이 된다.

그리고 그 안심이, 나를 설레게 한다.

2024년 4월 2일 화요일　　　산책 392일 차
　　　　　　　　　　　　　　총 걸음 12,653보
　　　　　　　　　　　　　　총 거리 8.6km

벚꽃이 만개한 공원 산책을 마치고 집으로 돌아가는 길,
가로등이 켜진다.

시계를 보니, 저녁 6시 51분.

지난겨울,
해가 짧을 땐 5시 7분에도 가로등이 켜졌는데,
해가 정말 길어졌다.

어느새 나는 자연스럽게 '지난' 겨울이라고 쓰고 있다.
봄이 오고 있다, 를 지나
정말 봄이 왔다.

2024년 4월 8일 월요일   산책 398일 차

총 걸음 11,151보

총 거리 7.5km

공원에 꽃비가 내린다.

오솔길 숲길에도, 산책로에도, 녹색 우레탄이 깔린 트랙에도, 바닥 가득 분홍색 꽃잎이다.

양옆으로 분홍색 벚꽃 카펫이 깔려 있는 오솔길 오르막을 빨간 웃옷을 입은 할머니가 천천히 오르신다. 뒷짐 진 손에 가로로 들린 지팡이까지, 그 모습이 한 폭의 그림 같아 한참을 바라본다. 캣맘이 두고 간 물그릇 위에도 분홍 꽃잎이 떠 있다. 급히 마시다 체하지 말라고 물그릇에 버드나무잎을 띄워 줬다는 옛이야기를 떠올린다. 꽃잎을 피해 혀를 날름거리는 고양이를 생각하다 조금 궁금해한다. 이 꽃비가 고양이들은 반가울까, 성가실까.

지난봄에도 이 길에서 수많은 꽃잎을 봤다. 노란 개나리 꽃잎이 지나가면, 분홍 벚꽃이 쌓이고, 그다음엔 하얀 이팝 꽃잎들이 깔린다. 그리고 철쭉, 장미 등이 그 뒤를 잇는다.

공원 벤치에도, 각종 운동 기구 위로도, 비 온 뒤 생긴 웅덩이에도 색이 바뀌어 가며 쌓이는 꽃잎들을 보며 생각했다. 이 많은 꽃잎들은 다 어디로 가는 걸까.

가을에서 겨울로 넘어갈 때면, 거리엔 누군가 쓸어 담은 낙엽들이 가득 담긴 봉지들이 쌓이고, 천가로는 풀베기를 마친 잡초 더미들이 보이고, 서울숲 논에도 수확을 마친 볏단이 곱게 쌓인다. 그런데 꽃잎을 치우는 모습은 한 번도 보지 못했다. 이 많은 꽃잎들은 다 어디로 가는 걸까. 물에 녹아, 바람에 녹아, 자연스레 산화하는 걸까.

어느 날 문득, 소리 소문 없이,
흔적도 없이 사라져 버린 무언가에 대한 이야기에는,
늘 마음을 뺏긴다.

새들의 무덤 또한 본 적이 없다.
고양이들의 무덤도 본 적이 없다.
이 많은 새들과 고양이들은 또 다들 어디로 가는 걸까.

소멸을 앞둔 봄을 걷는다.
내일이면 사라져 버릴 꽃잎들을 보며 걷는다.

결국은 또 모든 것이 떠나갈 것을 알지만.
그래도 인간의 욕심이 마음 한편에서 삐쭉 고개를 드민다.
조금 천천히, 떠나갔으면 좋겠다.

이 봄도, 소멸을 앞둔 모든 생명들도.

2024년 4월 19일 금요일   산책 409일 차
                        총 걸음 11,741보
                        총 거리 8.2km

'여행 가방'이라는 책이 있다. 러시아 작가인 세르게이 도블라토프가 그의 나이 서른여섯에 망명을 하면서 챙겨 나온 여행 가방 하나. 핀란드 산 양말, 장교용 벨트, 점잖은 더블 버튼 양복, 운전 장갑 등 그 가방에 담긴 물건 하나하나에 대한 추억담을 기록한 책이다.

출국할 때는 여행 가방 세 개만 허용된다는 규정 때문에, 그럼 이 많은 짐은 어쩌란 말이냐며 관공서 직원과 실랑이를 벌이다 이내 체념하고 낙담해 집으로 돌아온 세르게이는, 막상 짐을 다 싸고 나선 이렇게 말한다.

'다 싸 놓고 보니, 가방 하나로도 충분했다.'

그 책을 처음 보았을 때, 나도 삼십 대였다. 내 삶을 정리하며 딱 여행 가방 하나만 들고 어딘가로 떠나야 한다면, 나는 그 가방을 무엇으로 채울 것인가. 내 작은 집을 둘러보며 꽤나 깊고 진지하게 고민했던 기억이 난다. 아무리 커다란 트렁크라 해도, 가방 하나로는 모자랄 것 같은데….

그 즘 어느 날 새벽, 내가 살던 아파트에 화자 경보가 울렸다. 아직 깨어 있어 일을 하고 있던 나는, 에코백 하나에 대충 이것저것 집어넣고 계단을 통해 밖으로 나왔다. 소방차도 오고 경찰차도 오고 꽤나 시끄러운 새벽이었으나, 결국은 큰 사고 없는 해프닝으로 끝이 났고, 한두 시간 후 나는 다시 집으로 돌아왔다. 그리고 열어 본 내 에코백에는 휴대폰, 지갑, 인감도장과 은행 OTP가 들어 있는 작은 파우치, 그리고 생뚱맞게 삼다수 한 병이 들어 있었다. 바보 멍충이. 물은 그냥 돈 주고 사 먹으면 되잖아. 백업 하드를 챙긴다거나, 더 소중한 추억이 담긴 물건을 챙긴다거나 그런 생각은 못 했니? 그 긴박한 순간에 삼다수나 챙긴 내가 한심하면서도 또 조금 웃겼다. 그런데 한편으론 이런 생각도 들었다. 내 삶을 정리하고 어딘가로 떠남에 있어, 반드시 꼭 챙겨야 할 물건이 실은 또 별로 없는 게 아닌가.

머릿속으로
커다란 트렁크에 물건을 넣었다 뺐다 하며,
꽤나 깊고 진지하게 고민했던 나의 모습이
좀 부질없이 느껴졌다.

요즘 지인의 이사 준비를 돕고 있다. 정확히 말하면, 22년 동안 살았던 집을 정리하는 지인이 꼭 필요한 물건들만 가지고 가고 싶다고 해, 물건 버리는 일을 돕고 있다. 오늘도 지인의 집에서 한참을 머물며 많은 서랍을 열어 봤다. 서랍을 열 때마다, 지인의 추억담이 쏟아졌다. 아주 작은 물건 하나하나에도 서려 있는 추억들. '그래서 버릴까요? 아니면 챙길까요?' 많은 물건을 버리고 또 어떤 물건은 챙기며 수많은 추억담을 들었다. 그렇게 하루를 보내고, 집으로 돌아와 밤 산책을 한다.

여행 가방이란 책을 처음 읽었을 때부터 또 십 년이 더 흘러 나는 어느덧 사십 대 중반이 됐다. 지금의 나는 어떨까. 지인처럼 꼭 필요한 짐만 챙겨 이사를 가야 한다면, 여행 가방 하나에 짐을 꾸려 어딘가로 영영 떠나야 한다면, 지금의 나는 어떨까.

휴대폰, 지갑, 인감도장과 은행 OTP가 들어 있는 작은 파우치, 그리고 삼다수 한 병.

그럼 됐지, 싶으면서도
아직도 나는 그것만으론 안 될 것 같은데….
두 마음이 왔다 갔다.

십 년 사이 추억은 더 쌓였고,
나는 여전히 미련이 많은 사람인 걸까.

뭐가 더 필요해 싶으면서도,
오늘도 나는 머릿속으로
커다란 트렁크에 물건을 넣었다 뺐다,
한참을 깊고 진지하게 고민하며, 걷고 또 걷는다.

2024년 4월 20일 토요일	산책 410일 차
	총 걸음 9,807보
	총 거리 6.6km

부슬비가 내리는 서울숲과 한강.
사람이 없어 한적하고 고요하지만, 우산을 써도 온몸이 축축해진다.

저녁 모임이 있어 조금 일찍 나와 산책을 한 거였는데, 운동화도 양말도 다 젖었다. 모임 장소인 지인 집에 도착하자마자 부산스럽게 운동화와 양말을 벗고, 발을 씻고, 젖은 양말을 빨아 말리는데, 그런 내 모습을 지켜보고 있던 지인이 물었다.

"왜 이런 날까지 걷는 거야?"
내가 답했다.
"이제 얼마 안 남았어요. 딱 1년을 걸어 보자 한 거라…."
고개를 갸웃하더니, 지인이 다시 물었다.
"그럼 그다음은 어떻게 되는 건데?"

글쎄요.

이번엔 내가 고개를 갸웃했다.

나 또한 그 점이 궁금했다.
나와 약속한 1년이 지난 후, 나는 어떻게 될까.
그 후에도 나는 계속 현관문을 열고 산책을 할까.

한참이나 고개를 갸웃한 후에야 내가 답했다.
"그다음엔 아마도, 선택권이 생기는 거겠죠?"

답을 하고 나니, 다시 또 궁금해졌다.
내 마음속에서 산책이 더 이상 숙제가 아닌 선택이 되었을 때도 나는 또 계속 현관문을 열게 될까.

다 걷고 나면, 알게 되겠지.

오늘의 날짜를 다시 확인한다.
이제 정말 얼마 안 남았구나.

2024년 4월 28일 일요일　　산책 418일 차
　　　　　　　　　　　　　총 걸음 12,461보
　　　　　　　　　　　　　총 거리 8.6km

어느새 오늘이 왔다.
저녁 모임 전 마지막 산책을 한다.

보름 전쯤 가까운 친구들에게 문자를 했다.
'28일에 시간 괜찮으면 같이 저녁 먹을까?'

돌아가며 의례적으로 생일을 챙기는 모임들이 있긴 하지만, 나는 굳이 생일 당일을 챙기는 사람은 아니다. 그런데 올해는 가까운 친구들과 저녁을 먹고 싶어, 내가 먼저 연락을 했다.

'웬 일?'
친구가 물었다.
'그냥. 1년 동안 열심히 살았으니까 나를 좀 칭찬해 주고 싶달까?'
친구가 답했다.
'그래! 맛있는 거 먹자!'

마지막 산책을 마치고,
친구들과 맛있는 저녁을 먹고,
집으로 돌아와 마지막 일기를 쓴다.

1년 동안 총 3,813,458걸음을 걸었다.
1년 동안 총 2547.20km를 걸었다.
하루 평균 10,419걸음, 6.96km를 걸었다.

태풍이 와서, 병이 나서, 불가피한 사정으로 못 걸은 날도 있지만, 현관문을 여는 날보다 안 여는 날이 더 많았던, 히키코모리라 불렸던 내가, 지난 1년 동안 거의 매일 현관문을 열고 밖으로 나가 산책을 했다.

걷는 동안 많은 사람들이 물었다.
'무슨 변화가 있어?'

실은 잘 모르겠다. 살이 좀 빠졌나? 종아리가 좀 튼튼해졌나? 체력이 좀 올라오긴 했나? 그 또한 고개를 갸웃하는 정도의 변화일 뿐, 잘 모르겠다. 처음부터 어떤 드라마틱한 신체적 변화를 기대하고 시작한 산책이 아니었다. 그저 조금 궁금한 것은 있었다. 매일 밖으로 나가, 매일 걷다 보면, 내 마음에는 혹 어떤 변화가 있을지. 나를 조금 더 알게 될 수 있을지. 아마도 (평균 수명에 기대 보자면) 인생의 절반쯤을 살았을 나란 사람에게 묻고 싶은 것들이 있었다. 그래서 1년을 약속하고 매일 걸었다. 그리고, 기록했다.

걷는 동안은,
부러 지난 기록을 읽는 일은 하지 않았다.
이제 맨 앞으로 돌아가
한 발짝 떨어져 1년 동안의 나를 읽어 보려 한다.

사는 동안 많은 결정과 선택을 했다.
앞으로도 나는 또, 많은 결정과 선택을 하며 살아갈 것이다.

이 기록들이,
앞으로의 내 결정과 선택에 어떤 변화를 줄 수 있을지,
나도 조금 궁금해 이제 2023년 4월 29일로 돌아가,
지난 나를 읽어 보려 한다.

Epilogue

나는 아직, 현관문을 열고 매일 걷고 있다
_____

시작은 물론, 어려운 일이다.
하지만 시작은 또 그리 대단한 결심이 필요한 것도 아니다.
시작은 언제나, 시작일 뿐이니까.

나의 시작도 그랬다. 이제 조금씩 운동을 시작해 봐도 좋을 것 같다던 의사 선생님의 말. 코로나가 잦아들며 일상으로 복귀하는 사람들을 바라보는 나의 마음. 모든 페이지에 운동 부족이 찍혀 있던 건강 검진 결과지. 그 즘 자꾸만 현관문을 바라보던 나의 시선. 그리고 어느 날 문득 지인이 내게 던진 '산책'이라는 단어.

내 삶의 어떤 특정한 시기에
그 모든 사소한 일들이,
우연과 같이 동시에 나를 찾아왔을 뿐이었다.

생각해 보면 나는 아주 얄팍한 마음으로 현관문을 열기 시작했던 것 같다. 건강, 운동 따위의 따분한 단어들에 기대,

무척이나 보편적이고 시시하며 매우 현실적인 이유들을 끌어와 현관문을 열고 산책을 시작했다.

싫증을 잘 내고, 포기가 빠르고, 모든 것을 편식하는 사람. 그리고 무엇보다 집을, 나에게 최적화된 나의 공간에서 혼자 보내는 시간을 지나치게 좋아해서, 지인들로부터 히키코모리라 놀림 받던 나였기에, 그 산책이 매일이 될지 몰랐다. 이렇게 길어질지 몰랐다.

-

나는 언제나 시작, 그다음을 궁금해하는 사람이었다.
시작은 누구나 언제든 할 수 있다. 하지만 무언가를 '계속' 한다는 것은 전혀 다른 차원의 이야기니까.

30분만, 며칠만, 일주일만. 그냥 한번 해 볼까, 라는 얄팍한 마음에서 시작됐던 나의 산책이 언젠가부터 조금씩 길어지기 시작했다. 어떤 날엔 두 시간을 넘게 걷고 있었고, 어떤 날엔 낮 산책을 다녀온 후에도 저녁을 먹고 또 밤 산책을 하기 위해 현관문을 열고 있었다. 관리 감독하는 사람이 아무도 없는 나만의 산책이건만, 나는 출근하는 마음으로 매일 현관문을 열었다. 말 그대로 비가 오나 눈이 오나 걸었다. 30도가 넘는 땡볕 아래에서도 걷고 있었고, 체감 온도가 영하 20도가 넘는 강추위 속에서도 나는 걷고 있었다.

하루하루를 돌아보면
또 대단히 특별한 이유가 있었던 것 같지도 않다.

어떤 날엔 공원 오솔길에서 만나는 검은 얼룩 고양이의 안부가 궁금해 현관문을 열었다. 또 어떤 날엔 산책길에 만나는 노점상 할머니의 오늘과 길게 늘어선 줄 그 맨 앞에서 종일 매캐한 냄새를 맡으며 붕어빵을 굽고 있는 아주머니의 오늘이 궁금해 현관문을 열었다. 계절이 바뀌며 변해 가는 공원의 색이 궁금해서, 어제는 체력이 다해 가 보지 못한 저 횡단보도 너머의 새로운 길이 궁금해서, 해가 짧아지면서 달라지는 가로등 켜지는 시간이 궁금해서 산책을 나섰다.

걷는 동안 수많은 단어들이 나에게 와 말을 걸어, 못 이기는 척 한글창을 열고 받아 적기 시작했지만, 그 기록들 또한 하루하루의 기록일 뿐 대단한 이야기도 아니었다.

어떤 날엔 그저 친구들의 무해한 농담을 떠올리며 걸었다. 어떤 날엔 '세상은 거대한 놀이터인데, 어른이 되어 가면서 모두 그걸 잊어버리지'라는 영화 속 대사를 떠올리며 걸었고, 또 어떤 날엔 '이 짓이라도 안 하면 이 지루한 일상을 어찌 견디랴, 웃을 일이 없어서 내가 나를 웃기려고 쓴 것들이 대부분이다'라는 노 소설가의 글을 떠올리며 걸었다. 어떤 드라마에서 생각이라는 걸 해야 할 때마다 하염없이 걷는 여자를 떠올리며, 나는 생각을 하기 위해 걷는지, 생각을 멈추기 위해 걷는지 궁금해하기도 했고, 꽤 많은 날엔 아버지를 생각하며 걸었다.

기록을 시작한 날, 지금부터 꼭 1년만 매일 걷고 매일 적어 보자 생각했다. 마지막 산책을 마치고, 마지막 글을 쓰고, 다음 날 일어나 한글창을 열어 보니, 200자 원고지로 2천 매가 넘는, 30만 자에 달하는 글이 내 앞에 놓여 있었다.

기록을 시작한 첫날로 돌아가 그 글들을 읽어 내려가기 시작했다. 책을 위해 시작한 글들이 아닌데도, 나도 모르게 그 기록들을 정리하고 있었다. 초고 정리를 마쳤을 때, 이 글들을 누구보다 내가 종이로 보고 싶어 한다는 것을 깨달았다. 시간은 이야기가 된다, 라는 말을 나는 아직 믿고 있어서 책을 내기로 결정하고 오랜만에 책 작업을 하며 또 매일 걸었다. 작년과는 달라진, 혹은 여전한 거리의 풍경들과 사람들을 바라보며 걷고, 집으로 돌아와선 작년에 써 놓은 글들을 매만졌다. 그리고 그제야 조금씩 나에게도 보이기 시작했던 것 같다. 걸으며 만난 풍경과 사람들, 그리고 나의 마음을 바라보는 나의 시선 또한 조금은 달라져 있다는 것을.

그리고 어쩌면 진짜 이유는 여기에 있었는지도 모르겠다는 생각을 했다. 평소라면 필히 흘려들었을 '산책'이라는 단어. 그 단어를 내가 꼭 붙잡고 들여다보다, 결국 현관문을 열고 걷기 시작한 이유. 그리고 그 산책을 이리도 매일, 계속할 수 있었던 이유. 건강, 운동 따위의 단어는 어쩌면 다 핑계였을지도 모르겠다는 생각을 했다. 그때의 나에겐 진짜 '핑계'가 필요했을 뿐. 저 문을 열고 밖으로 나갈 수 있는 핑계, 이유, 당위성이 되어 줄 어떤 하나의 단어가 필요했고, 그 단어가 나에겐 '산책'이었던 거다.

-

한 권의 책으로 엮기 위해, 깎고 다듬는 시간이 길었다. 30만 자에 달했던 글은 어느덧 15만 자 정도로 줄었고, 또 1년의 시간이 지났다.

깎고 다듬으며 작년을 사는 동안, 참 많은 나를 만났다.

즐거운 나, 슬픈 나, 재밌는 나, 따분한 나, 조금은 건강해진 나, 또 어느새 아픈 나, 끈기가 있는 나, 무척 게으른 나, 어떤 날엔 관대하고 또 어떤 날엔 쉬이 심통을 부리는 나. 내 안에 있는 양면성 사이에서, 내가 부러 문을 닫고 보려 하지 않았던 나를 만나기도 했다.

같은 행동을 반복하면서 다른 결과를 바라는 것은 미친 짓이라는 말을 떠올린다. 나의 다른 선택은 현관문을 열고 산책을 하는 것이었다. 새로운 길을 걷고 새로운 것을 보고, 어제와는 또 조금 다른 생각을 해 보는 것이었다. 그사이 나는 오랫동안 모른 척하고 있었던 '글을 쓰고 싶은 마음'을 되찾았고, 그리하여 한 권의 책을 더 쓸 수 있게 되었으며, 내가 결코 이해할 수 없으리라 생각했던 나의 마음과 타인의 마음을 어렴풋이나마 이해할 수 있게 되었고, 무엇보다 현관문을 매일 여는 사람이 되었다.

물론 나는 아직도 집을 좋아하고, 집에서 혼자 보내는 시간을 좋아하며, 그것이 또 그리 그릇된 일이라고도 생각하지 않는다. 그 또한 여전히 나에게 필요한 시간이니까. 다만, 현관문도 매일 열고 있을 뿐이다.

이제는 내 손을 떠날 글들을 마지막으로 살펴보고 있는 요즘, 나는 종종 다른 '현관문'에 대한 생각을 한다. 내가 닫아 놓은 또 다른 문들에 대한 생각을 많이 한다. 걷는 동안, 그리고 쓰는 동안 조금은 달라진 내가, 그 다른 문들도 열어 볼 수 있을지, 그렇게 조금 더 넓은 세상으로 나도 한 발짝쯤은 더 내디뎌 볼 수 있을지에 대한 생각을 한다.

당신의 닫힌 현관문이, 나와 같이 정말 '현관문'인지 혹은 다른 무엇인지는 모르겠다. 그리고 이 책이 당신의 닫힌 현관문을 찾는 데, 그리하여 당신이 다른 선택을 해 보는 것에, 도움을 줄 수 있을지도 모르겠다. 다만 여기, 10년 가까이 현관문 안에서 생활하던 한 사람이, 현관문을 열고 매일 산책을 하며 매일 바깥세상과 만나는, 그 하루하루의 기록이 있다.

내가 당신에게 줄 수 있는 것은 그것뿐이다.
선택은 당신의 몫이니까.

다만 이 한 문장을 덧붙일 수는 있을 것 같다.
나는 아직, 현관문을 열고 매일 걷고 있다.

                          2025년 4월 7일 월요일, 산책 762일 차
                                      총 걸음 10,454보
                                      총 거리 7.1km

                                              강세형